Schneeschuhwandern in Südtirol

Die 60 schönsten Touren

Oswald Stimpfl / Georg Oberrauch

Schneeschuhwandern in Südtirol

Die 60 schönsten Touren

Folio Verlag Wien – Bozen

HINWEIS:

Alle Wegbeschreibungen erfolgen nach bestem Wissen und Gewissen. Das Begehen der Routen geschieht auf eigenes Risiko; eine genaue Planung und die Fähigkeit, seine eigenen Kräfte richtig einzuschätzen, sind unerlässlich. Autoren und Verlag übernehmen keine Haftung. Für die Wanderung wird die Mitnahme von geeignetem Kartenmaterial empfohlen.

Herausgegeben in Zusammenarbeit mit:

SYMBOLE

- Tipp
- Sehens- und Wissenswertes
- Gehzeit
- Tourenlänge
- Höhenmeter
- Schwierigkeitsgrad
- Anfahrt
- Empfohlene Wanderkarte
- Einkehr
- Zusätzliche Informationen

BILDNACHWEIS

Almenregion Gitschberg Jochtal: S. 108; Giorgio Bertagnolli: S. 54, 58, 59; Armin Brunner: S. 24, 25; Mario Clara: S. 97, 100, 101; Hermann Comploj: S. 82, 84; Nicola Giovanelli: S. 74; Christian Gruber: S. 139, 140, 141; Juac-Hütte: S. 86; Franz Hinteregger: S. 96, 102, 105, 106; Magdalena Köllemann: S. 26; Elisa Kuppelwieser: S. 34, 35; Langlaufskischule Alta Badia: S. 126; Luis Nagele: S. 112; Georg Oberrauch: S. 28, 29, 51, 52, 114, 115; Bernhard Passler: S. 116, 117; Karl Passler: S. 118, 119; Luis Rainer: S. 23; Rifugio Dibona: S. 124; Martin Stoll: S. 132/133; Tourismusverband Alta Badia, Freddy Planinschek: S. 120, 121, 122; Tourismusverband Rosengarten Latemar: S. 62; Tourismusverein Latsch-Martell, Pircher: S. 20 u., Tourismusverein Latsch-Martell, Rainer Goryniak: S. 20 o., Tourismusverein Olang: 130; Tourismusverein Tiers am Rosengarten: S. 10, 64, 66, 70 o.
Alle anderen Fotos stammen von Oswald Stimpfl.

Umschlagbild: suedtirolfoto / Udo Bernhart

Lektorat: Joe Rabl
Grafikkonzept: no.parking, Vicenza
Scans, Satz und Druckvorbereitung: Typoplus, Frangart
Karten: mapgraphic, Eppan
Printed in Italy
ISBN 978-3-85256-588-0
www.folioverlag.com

INHALTSVERZEICHNIS

VORAUSGESCHICKT

Schneetreiben, märchenhafte Winterlandschaften, angezuckerte Berge vor tiefblauem Himmel, rot glühende Dolomitenzacken im winterlichen Dämmerlicht – für viele einer der schönsten Flecken der Welt: Südtirol. Auch im Winter ziehen berühmte Wintersportorte unzählige Menschen an. Alta Badia und Gröden sind Skiorte von Weltruf mit einem Angebot, das keine Wünsche offen lässt. Aufstiegsanlagen erschließen die Höhen, Skifahrer, Snowboarder und Langläufer tummeln sich auf Pisten und Loipen. Daneben gibt es idyllische Winterlandschaften und etliche Skigebiete von überschaubarer Größe, nichts für Tempobolzer und Après-Skihasen, und deshalb ideal für alle, die Schnee und Natur erleben wollen. Gerade im Winter gibt es sie noch, die unberührten dunklen Wälder, die stillen Täler, die menschenleeren Almen, die einsamen Gipfel. Wenn nur mehr Fuchs und Hase unsere Wege kreuzen, dann ist die Zeit der Schneeschuhwanderer gekommen: in klarer Bergluft über wellige Hochalmen und auf leichte Gipfel wandern und die kalten Nasen dann in einer gemütlichen Berghütte aufwärmen. Schneeschuhwandern ist ein intensives Naturerlebnis, es ist Erholung, Spaß, Abenteuer und Sport zugleich, und es begeistert Kinder wie Senioren. Abenteuerlustige steigen – das Snowboard auf den Rücken geschnallt – mit den Schneeschuhen auf den Berg, um auf der Abfahrt rasante Kurven in den Pulverschnee zu ziehen. Ruhigere Zeitgenossen sehen im Schneeschuhwandern die ideale und preisgünstige Alternative zum Skisport. Hotels in Gebieten abseits der renommierten Skigebiete spezialisieren sich auf wanderfreudige Wintergäste, bieten geführte Schneeschuhwanderungen an und erschließen sich so eine neue Kundschaft. Skischulen und Bergführer nehmen Winter- und Schneeschuhwandern mit wachsendem Zuspruch in ihre Programme auf. Touristiker haben längst erkannt, dass nicht alle, die in den Winterurlaub fahren, Ski fahren wollen oder können.
In diesem Buch finden Sie eine Auswahl der lohnendsten Touren in Südtirol und den Dolomiten, leichte bis anspruchsvolle Routen, die vielfach auch ungeübte Schneeschuhwanderer bewältigen – eine gewisse Kondition und Bergerfahrung vorausgesetzt. Sorgfältige Vorbereitung und die Fähigkeit, seine eigenen Kräfte richtig einzuschätzen, sind freilich unerlässlich.
Leise und schöne Wintererlebnisse wünschen

Oswald Stimpfl und Georg Oberrauch

DIE AUSRÜSTUNG

Die Indianer und Trapper Amerikas, aber auch heimische Jäger, Holzfäller und Bauern, banden sich mit Lederriemen oder Schnüren bespannte Holzreifen unter die Schuhe und bewegten sich damit im Schnee fort, ohne allzu tief einzusinken. Aus diesem praktischen Utensil entwickelte sich in den vergangenen Jahren ein Trendsportgerät. Der moderne Schneeschuh ist aus leichten Materialien und mit einer Schnellverschluss-Bindung ausgestattet. Schneeschuhwandern gehört zu den preiswertesten Sportarten: Man benötigt nicht viel an Ausrüstung, was ein Wanderer nicht ohnehin besitzt, und teure Tickets für Aufstiegsanlagen kann man sich meist sparen. Doch wie bei allen Sportarten gilt der Grundsatz: Mit der richtigen Ausrüstung macht es mehr Spaß. Außerdem sind gute Qualität und das richtige Material ein wichtiger Sicherheitsfaktor.

Der Schneeschuh

Bei den Schneeschuhen gab es in den vergangenen Jahren eine rasante Entwicklung, die Geräte wurden laufend verbessert und bieten heute hohen Komfort. Die Auswahl ist groß, die Preise sind konsumentenfreundlich. Die modernen Schneeschuhe sind speziell für den Einsatz im alpinen Gelände konstruiert. Die klassischen Alurahmen-Schneeschuhe mit Kunststoff-Bespannung werden nach und nach durch die leichteren, moderneren Kunststoffschneeschuhe ersetzt.
Sie bestehen aus belastbarem flexiblen Plastik und einer Bindungsplatte, auf der man den Schuh bequem mit einer Riemen-, Schlupf- oder Ratschenbindung, ähnlich einer Snowboardbindung, fixiert. Moderne Schneeschuhe haben scharfe Harschkrallen und Spikes auf längs angeordneten Alu- oder Kunststoffleisten, die guten Halt bei Querungen und steilen Aufstiegen im harten Schnee bieten. Bei Billigmodellen sollte man sich die Harschkrallen genau ansehen: Wenige spitze Zähnchen und zahme Plastikzacken geben auf vereisten Fahrwegen oder harschigen Steilhängen keinen Halt!
Dazu sind sie handlich und leicht und einfach auf den Rucksack zu schnallen. Ist die Spitze stark gebogen, verhakt man sich im harschigen Schnee nicht so schnell. Manche Modelle sind mit einer Steighilfe versehen, die bei sehr steilen Aufstiegen nützlich ist und bei sportlichem Bergsteigen zum Einsatz kommt. Wesentliches Kriterium bei der Wahl der Schneeschuhe ist die richtige Größe, die sich nach dem Körpergewicht bemisst. Diverse Hersteller bieten Modelle für verschiedene Körpergrößen bzw. Gewichtsklassen an, auch Damen- und Herrenmodelle sind im Angebot, Letztere für ein höheres Körpergewicht.
Lassen Sie sich in einem Bergsportfachgeschäft beraten.

Die Stöcke

Stöcke sind unentbehrlich. Ob Sie nun Teleskop-Skistöcke oder normale Skistöcke haben, spielt für den Anfang keine Rolle – auch wenn zwei- bis dreiteilige Wanderstöcke mit Schneeteller zu empfehlen sind, da diese bei Bedarf im Rucksack verstaut werden können.

Die Tourenschuhe

Ein qualitativ hochwertiger, bequemer, wasserfester Schuh (möglichst mit Goretex-Einlage) ist neben dem Schneeschuh der wichtigste Ausrüstungsgegenstand für genussvolles Wandern. Nichts ist unangenehmer, als mit nassen, kalten Füßen herumzulaufen. Grundsätzlich gilt daher: Dicht und warm müssen sie sein, ob Sie nun mit Wanderschuhen, Skitourenschuhen, Snowboardschuhen oder mit speziellen Kunststoff-Schneestiefeln unterwegs sind. Nicht zu gebrauchen sind Après-Skistiefel; sie bieten keinen guten Halt in der Bindung.

Die Kleidung

Die kalte Jahreszeit hat einen Vorteil: Der Niederschlag fällt als Schnee, es gibt also kein wirklich schlechtes Wetter, wenn man funktionell gekleidet ist. Das „Zwiebelsystem" hat sich bewährt: Schicht für Schicht können Sie sich so den rasch wechselnden Wetterverhältnissen im Gebirge anpassen. Fleecejacken mit durchgehendem Reißverschluss und Seitentaschen sind funktionell und leicht, darüber kommt ein wasserdichter und atmungsaktiver Anorak. Praktisch ist

eine große Kapuze gegen Wind und Schneefall; eine Mütze ist auf alle Fälle dabei. Wichtig sind warme Bergsocken und Handschuhe, am besten Walkfäustlinge oder Handschuhe aus atmungsaktivem Textilmaterial. Ratsam ist, ein zweites Paar einzustecken, falls das erste nass wird. Als Hosen eignen sich Skitourenhosen mit gutem Schuhabschluss; beim Wandern wirft man immer ein wenig Schnee auf. Einige Skitourenhosen besitzen integrierte Gamaschen, wenn nicht, sind extra Gamaschen, die den Spalt zwischen Hose und Schuh umschließen und abdichten, sehr nützlich, sie verhindern, dass die Hose nass wird. Und bei steilen Aufstiegen kommt man schon mal ins Schwitzen, da hat sich Unterwäsche aus speziellen Kunststoff-Textilien bewährt, die den Schweiß nach außen leiten und sich trocken und warm anfühlen. Bei längeren Touren Wäsche zum Wechseln mitnehmen.

Der Rucksack

Beim Rucksack sind solche Modelle praktisch, bei denen die Schneeschuhe mit Riemen und Schnallen-Schnappverschluss außen befestigt werden können. Der Rucksack sollte groß genug sein, um die Teleskopstöcke gegebenenfalls darin verstauen zu können. Und Platz für den Anorak, die Reservehandschuhe, den Proviant, ein kleines Notfallset (Blasenpflaster) und die Thermosflasche (mindestens 1 Liter mit heißem Getränk) sollte auch noch sein. Sonnencreme (mindestens Schutzfaktor 20) und Sonnenbrille (oder Gletscherbrille) gehören unbedingt in den Rucksack, ebenso eine Wanderkarte in einem Maßstab ab 1:50.000. Auch wer nur eine kurze Tour plant, sollte als Notproviant Schokolade oder ein paar Riegel für die kleine Stärkung zwischendurch einpacken. Nie vergessen: Handy mit eingespeichertem Notruf (112) und Nummern der Tourenkameraden. Bei Touren über der Waldgrenze und ins Hochgebirge ist ein sogenannter Lawinenpiepser unerlässlich (vgl. „Zur Sicherheit"). Weiters können sich folgende Utensilien nützlich erweisen: eine faltbare, leichte Sitzunterlage (erfüllt bei Pausen gute Dienste), eine Aludecke oder ein Biwaksack, eine Taschenlampe oder eine Stirnlampe, ein Taschenmesser, ein Fernglas (zum Erkunden der Route und zum Beobachten von Wild), für schwierige Touren ein Kompass und ein digitaler Höhenmesser, für Freaks ein GPS-Gerät zur genauen Positionsbestimmung und Routenaufzeichnung.

DIE GEHTECHNIK

Jeder kann Schneeschuhwandern. Der Unterschied zu normalem Wandern ist gering. Die paar Regeln, die es gibt, sind einfach zu merken und erweisen sich spätestens in der Praxis als logisch: Hangquerungen sind unangenehm, besser in der Falllinie auf- und absteigen. Beim Überqueren von verschneiten Bächen auf Eis achten, das sich unter der Schneedecke versteckt. Kameradschaftliches Abwechseln beim Spuren in tiefem Schnee trägt dazu bei, dass dem Ersten nicht die Puste ausgeht; wenn es dennoch zu anstrengend wird, besser umkehren, leichter wird's selten. Die angegebenen Gehzeiten (Pausen nicht einberechnet!) sind relativ: Wie man vorankommt, hängt wesentlich von Schneelage, Schneebeschaffenheit und der eigenen Kondition ab. Der einfache Grundsatz: frühzeitig aufbrechen!

ZUR SICHERHEIT

Schneeschuhwandern ist ungefährlich, wenn ein paar Regeln beachtet werden: Sorgen Sie für eine gute Ausrüstung und passende Kleidung. Kälte und Wind entziehen dem Körper Wärme. Auskühlung kostet Kraft, auch wenn man glaubt, sich auf relativ ebenen Wegen nicht sonderlich anzustrengen. Beachten Sie, dass die Orientierung in der Winterlandschaft schwieriger ist als im Sommer. Markierungen auf Steinen und Zäunen sind oft unter einer Schneedecke versteckt; auch die Zeichen an den Bäumen können von schneebeladenen Zweigen verdeckt sein. Bei viel Schnee sind Weg- und Steigspuren meist verweht. Somit stellt Schneeschuhwandern an den Orientierungssinn weit höhere Anforderungen als normales Wandern. Eine genaue Planung vorab und die Fähigkeit, Karten zu lesen, sind daher bei schwierigeren Touren, speziell im Hochgebirge, unerlässlich. Gehen Sie nie allein in unbekanntes Gelände. Die Lawinengefahr ist im Gebirge nicht zu unterschätzen. Beachten Sie folgende Regeln: Erkundigen Sie sich vor Aufbruch über das Wetter und die Lawinenlage sowie über die genaue Route. Informieren Sie Ihre Familie bzw.

Bekannte über den Tourenverlauf und den geplanten Rückkehrzeitpunkt. Schneeschuhwandern ist nach Neuschneefall besonders schön, die Gefahr von Lawinenabgängen steigt aber. Meiden Sie dann hochalpine und sehr steile Hänge, beschränken Sie sich auf ebenes Gelände und bedenken Sie, dass auch ein Talboden mit steilen seitlichen Flanken oder schüttere Lärchenwälder Risiken bergen. Steigungen von mehr als 25° (mit einer steilen Garageneinfahrt vergleichbar) sind immer gefährlich. Risikostellen nie in der Gruppe, sondern immer einzeln, mit großem Abstand überqueren! Um im Ernstfall entsprechend gerüstet zu sein, immer ein Lawinen-Verschütteten-Suchgerät (LVS-Gerät, auch Lawinenpiepser genannt), Schaufel und Sonde mitführen. Hochgebirgstouren niemals allein unternehmen. In vielen Wintersportorten werden geführte Schneeschuhwanderungen angeboten. Wenn Sie keine alpine Erfahrung haben, schließen Sie sich einem der vielen gut ausgebildeten Bergführer an. Bei geführten Touren lernen Sie auch den Umgang mit LVS-Geräten.

Vom Umgang mit LVS-Geräten

LVS-Geräte sind einfache Sende-/Empfangsgeräte. Das Prinzip beruht darauf, dass im Sendezustand ein Signal von 457 kHz ausgestrahlt wird. Bei einem Lawinenabgang stellen die nicht Verschütteten ihre Geräte auf Empfang und können so den Verunfallten orten. Eine gewissenhafte Vorbereitung und regelmäßiges Üben des Umgangs mit Lawinenpiepsern ist auch bei modernen Geräten notwendig! Überprüfen Sie regelmäßig die Batterien, tragen Sie den Sender immer direkt am Körper und nicht im Rucksack oder in Kleidertaschen, machen Sie vor Beginn der Tour einen Sende- und Empfangscheck. Testen Sie nach längeren Pausen die Funktionstüchtigkeit.

NÜTZLICHE ADRESSEN

EURO-Notruf: 112
Sanitäre und alpine Notrufnummer italienweit: 118

Südtirol

Alpenverein Südtirol (AVS): Tel. 0471 978141, www.alpenverein.it
Bergrettungsdienst (BRD): Tel. 0471 675000, www.bergrettung.it
Club Alpino Italiano (CAI): Tel. 0471 978172, www.caibolzano.it
Schneeschuhverleih: Sportler-Alpinhaus Bozen: Tel. 0471 974033
Touristische Informationen:
www.suedtirol.info
Verband der Südtiroler Berg- und Skiführer: Tel. 0471 976357,
www.bergfuehrer.suedtirol.info
Vermittlung von geführten Schneeschuhwanderungen: Sportler Tours:
Tel. 0471 050300
Wetter, Schnee- und Lawinenlagebericht: Tel. 0471 271177 oder
0471 270555, www.provinz.bz.it/wetter,
www.provinz.bz.it/lawinen

Belluno

Alpenverein Belluno/Cortina: Club Alpino Italiano (CAI):
Tel. 0437 931655, www.caicortina.org
Bergführervereinigungen: Albo delle Guide Alpine Venete,
www.guidealpineveneto.it; CAI Scuola guide alpine (Cortina):
Tel. 0436 868505, www.guidecortina.com
Geführte Schneeschuhwanderungen: Paolo Salvini: Tel. 334 6456611
Schneeschuhverleih: Sportler Calalzo: Tel. 0435 501083
Touristische Informationen über die
Dolomiten des Veneto:
Servizio Comunicazione e
Promozione: Tel. 0437 940084
A.P.T. Dolomiti, www.infodolomiti.it
Cortina Ufficio Informazioni
Turistiche: Tel. 0436 2711
Wetter-, Schnee und Lawinenlage-
bericht im Veneto: Dolomiti
Meteo: www.arpa.veneto.it

1 AUF DIE PLANAILER ALM

Im Obervinschgau zieht sich vom östlichen Rand der Malser Heide ein kleines Tal zu den Ötztaler Alpen hin. An seinem Beginn liegt am steilen Hang das Dörfchen Planail, ein typisches rätoromanisches Haufendorf. Es ist der Ausgangspunkt für eine überaus lohnende Wanderung zur Planailer Alm, die frei und sonnig oberhalb der Waldgrenze weit übers Tal schaut.

Bei Mals zweigt von der Vinschgauer Staatsstraße die Zufahrt nach Planail (1599 m) ab. Am Dorfbeginn gibt es ausreichend Parkplätze, in den engen und steilen Dorfgassen ist sowieso kein Durchkommen. Der Weg zur Planailer Alm ist beschildert, die Gehzeit wird mit 1 Stunde 50 Minuten angegeben, das trifft bei guten Schneeverhältnissen zu. Bei verfestigter, stabiler Schneedecke und früh am Morgen empfiehlt sich folgender Rundweg: Bei der Kirche sofort links zügig bergauf zur Alm (Winterruhe) und über den breiten Weg, die Sommerzufahrt, durchs Planailtal zurück. Im Detail: Der mit 10 markierte breite Steig, von Wildzäunen begrenzt, folgt einem kleinen Tal, führt durch ein Lärchenwäldchen, ein eisernes Gatter, kurz am Wiesenrand steil aufwärts, wieder in vielen Windungen durch hellen Lärchenbestand nordwärts, und taucht endlich aus dem Wald heraus auf das freie Almgelände. Bis hierher war der Weg leicht zu verfolgen, die Markierung auf den Stämmen gut sichtbar. Auf dem freien Gelände ist der Weg weiterhin gut erkennbar, die Trassierung geht oberhalb der Baumgrenze zuerst noch mäßig steil, dann immer ebener werdend ostwärts auf die Alm zu. Es gilt noch einen Bachgraben mit steilen Flanken zu queren, dann taucht die Alm, in einer weiten Mulde liegend, auf. Vor dem Haus lädt eine Bank zur Rast ein, die Tür zur Veranda mit Tischen und Bänken ist nicht versperrt und bietet bei Wind und schlechtem Wetter Schutz. Die Aussicht über das obere Vinschgau, ins Münstertal und zu den Bergen, die das Planailtal säumen, ist beeindruckend. Für den Rückweg empfiehlt sich der breite, sanft abfallende Zufahrtsweg, der zuerst ostwärts ins Tal zieht, bei der Brücke über den Punibach dreht und jetzt südwestwärts durch freies Alm- und Wiesengelände das weite Tal hinaus, das letzte Stück den plätschernden Bach entlang, in 1½ Stunden auf das Dorf zuführt.

IN KÜRZE

ca. 3½ Stunden

9 km

600 Höhenmeter

mittlere Tour

Von Mals 7 km bis zum Weiler Planeil, Parkplatz am Beginn des Dorfs

Mapgraphic-Wanderkarte 01 (1:25.000)

Gasthof Gemse: Gemütliches Dorfgasthaus mit guter Küche, sonniger Wintergarten, ganzjährig geöffnet, Montag Ruhetag, Tel. 0473 831148, www.gasthof-gemse.it

Tourismusverein Obervinschgau: Tel. 0473 831190, www.ferienregion-obervinschgau.it

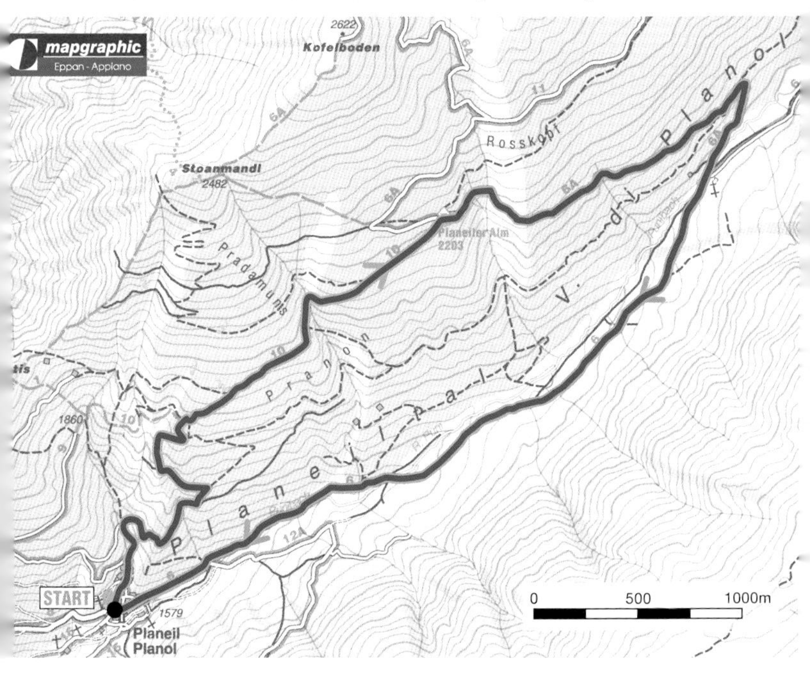

2 AUF DEN WATLES

Am Fuße der Malser Haide liegt an den Berghang geduckt das Dörfchen Burgeis, in seinem Rücken erhebt sich der Watles (2557 m), der durch eine Straße und Sessellifte erschlossen ist. Das wellige, sonnige und aussichtsreiche Almgelände oberhalb der Baumgrenze ist unser Ziel.

Mit dem Lift schweben wir bequem in die Höhe, oben genießen wir die tolle Aussicht auf Ortler, Königspitze & Co. Wer zusätzliche Höhenmeter machen will, nimmt den Fußweg über die Rodelbahn (Markierung 3, später 4) bis zur Bergstation des Lifts auf 2150 m. Wir schnallen die Schneeschuhe an, zunächst geht es am Pistenrand kurz aufwärts bis zur zweiten Liftstütze, hier biegen wir ostwärts ab und verlassen bei einem Wegweiser den präparierten Skitouren- und Wanderweg zum Watles-Gipfel (Wegweiser „Pfaffensee", Markierung 4/A). Nach wenigen Minuten ist der Trubel des Skigebiets vergessen, weite, einsame Hänge tun sich auf. Wir gehen unterhalb einer kleinen Bergkuppe (See-Egg, 2259 m) vorbei eben zum Ostufer des zugefrorenen und tief verschneiten Pfaffensees, bleiben in der Senke, gehen vom Nordufer in stetem Auf und Ab, insgesamt leicht ansteigend, und später am Rand der Hochfläche auf den Schafberg (2411 m) zu, den östlichen Ausläufer des Watles-Rückens (bis hierher 1½ Stunden). An der Kante tut sich ein toller Blick zum Reschensee und den Bergen im Norden auf. Jetzt ändern wir die Richtung, biegen nach Westen ab, folgen dem meist abgeblasenen und teilweise schneefreien Grat, gehen unterhalb des Galtbergs (2537 m) an dessen Südostseite vorbei und sind nach einem kurzen letzten Anstieg

am Gipfelplateau des Watles (2555 m) mit seinem metallenen Gipfelkreuz angelangt (ab Schafberg 45 Minuten). Die Rundumsicht ist einmalig: Sesvenna, Ortler, tief unten der Vinschgau, im Osten die Ötztaler Alpen. Vom Gipfel schlagen wir nun den präparierten steilen Rückweg zur Bergstation des Lifts ein, die 400 Höhenmeter sind in 45 Minuten zu schaffen, dabei geht die Route nun an der Südseite des Pfaffensees vorbei. Direkt neben der Liftstation lädt die Plantapatsch-Hütte zu einer Rast ein, bevor wir mit dem Sessellift wieder zum Ausgangspunkt zurückschweben.

IN KÜRZE

⌛ ca. 3 Stunden

↦ 7 km

450 Höhenmeter

mittlere Tour

Variante: bei Aufstieg ab Talstation Watles zusätzliche 2 Stunden, 6 km und 350 Höhenmeter

Von Burgeis 7 km bis zum Weiler Prämajur mit Parkplatz und Sessellift-Talstation; evtl. Skibus ab Mals, Glurns, Schluderns und Burgeis

Mapgraphic-Wanderkarte 01 (1:25.000)

Plantapatsch-Hütte: Gemütliche Almhütte im Skigebiet, große Sonnenterrasse, Tel. 0473 830777

Hotel Kastellatz: An der Talstation, Gaststube, Terrasse; Kuchen, Jausen und gepflegtes Essen auch für Tagesgäste, Tel. 0473 831415, www.kastellatz.it

ℹ Tourismusverein Obervinschgau: www.ferienregion-obervinschgau.it

Talstation Sessellift Watles: Tel. 0473 831199, www.watles.net

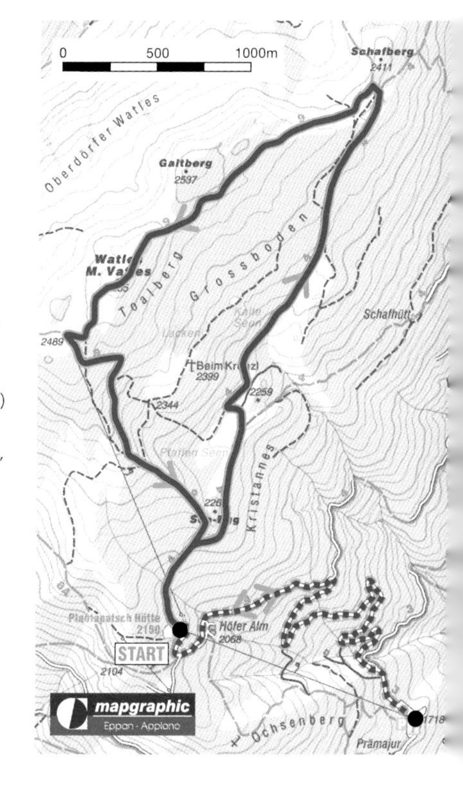

3 AUF DIE LYFIALM

Das Martelltal, ein Seitental des Vinschgaus, ist in seinem hinteren Teil von mächtigen Dreitausendern flankiert: auf seiner Südseite von den Venezia- und den Rotspitzen, auf der Nordseite von den Schild-, Peder- und Lyfispitzen. Am Fuße Letzterer zieht sich eine kurze, aber äußerst lohnende Rundwanderung an der Baumgrenze durch Almen und hellen Zirben- und Lärchenwald.

Nach dem Zufritt-Stausee am Talschluss gibt es nahe beim Gasthaus Enzian (2050 m) einen Parkplatz. Wenige Schritte davor biegt der gut markierte breite Weg Nr. 39 rechts ab. In 10 Minuten ist die Enzianalm (Winterruhe) erreicht, dann geht es über eine Brücke, wir verlassen den breiten Weg und steigen im Wald im Zickzack auf einem Steig zur nicht bewirtschafteten Pederstieralm (2252 m) auf, die aussichtsreich auf einem Wiesenboden liegt (bis hierher eine halbe Stunde). Der Ausblick zu Zufallspitze (3757 m), Cevedale (3763 m) und Schranspitze (3357 m) ist fantastisch. Tisch und Bank bei den beiden Hütten laden zu einer kurzen Rast ein. Weiter geht es jetzt (Nr. 35) in einer Hangquerung im steten Auf und Ab, im Wesentlichen aber eben, an mächtigen Zirbelkiefern und bizarren Felsformationen vorbei bis zur Lyfialm (45 Minuten), zwischendurch erhaschen wir einen Blick auf den eisbedeckten Zufritt-Stausee im Talgrund. Die Hütte ist im Winter geöffnet und der Weg deshalb viel begangen und ausgetreten. Nach einer Hüttenpause schlagen wir den Rückweg über den breiten Forstweg ein. Er dient auch als Versorgungsweg für die Hütte durch den Motorschlitten und ist deshalb bequem begehbar (Nr. 8). Nach einer knappen Stunde

Gehzeit ist die Enzianalm und wenig später der Ausgangspunkt am Gasthaus Enzian erreicht.

Auf der Enzianalm wird in der Adventszeit auf 2061 m der höchstgelegene Weihnachtsmarkt im Alpenraum veranstaltet. Infos: Tourismusverein Latsch-Martell, Tel. 0473 623109

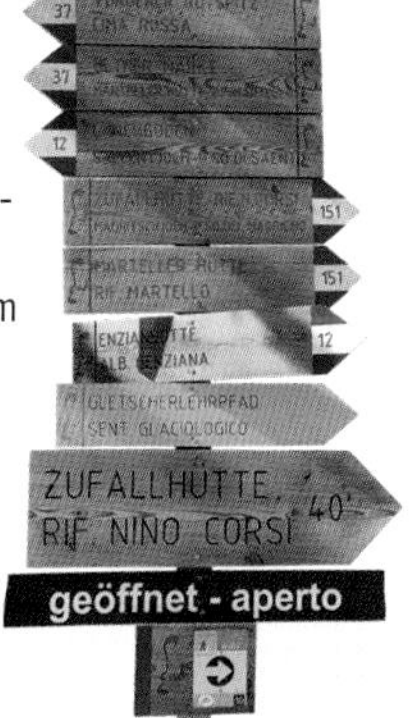

IN KÜRZE

ca. 3 Stunden

6,4 km

370 Höhenmeter

leichte, ideale, sichere Wintertour auf der Sonnenseite des Tals

Nach dem Zufritt-Stausee am Talschluss von Martell Parkplatz (im Sommer gebührenpflichtig) in der Nähe des Gasthauses Enzian (2050 m)

Mapgraphic-Wanderkarte 04 (1:25.000)

Lyfialm: Gemütliche Almhütte, Sonnenterrasse, Hausmannskost, auf Vorbestellung Fleisch- oder Schokoladefondue! Im Winter von Donnerstag bis Sonntag geöffnet, Nächtigungsmöglichkeit, Tel. 0473 744708, Handy: 333 2770100, www.lyfialm.it

Gasthof Enzian: Am Talende, beim Parkplatz; Terrasse, Zirbelstube, hausgemachte Kuchen, Tel. 0473 744755, Handy: 333 7955610, www.gasthof-enzian.it

Waldheim: Hotel mit Restaurant, an der Talstraße im hinteren Talabschnitt, direkt am Langlaufzentrum; Schneeschuhverleih und geführte Wanderungen; Junior Alexander ist immer für Tipps zu haben! In der Saison kein Ruhetag, Tel. 0473 744545, www.waldheim.info

Tourismusverein Latsch-Martell: Tel. 0473 623109, www.latsch-martell.it

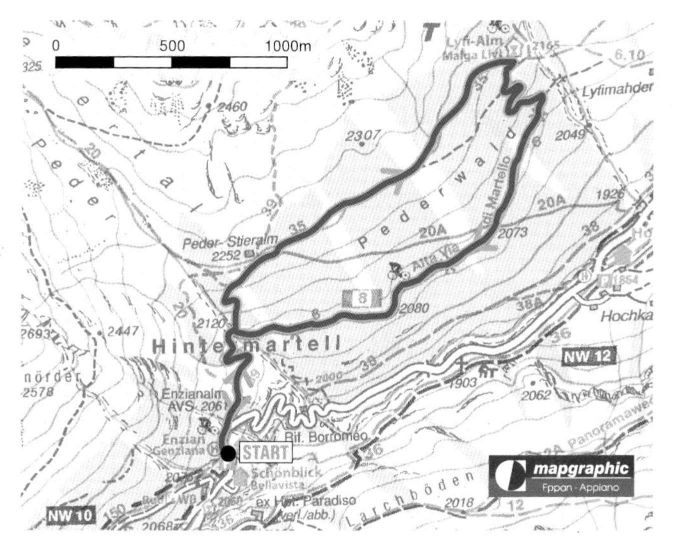

4 ZUR ZUFALLHÜTTE

Das Martelltal dringt bis ins Herz der Ortler-Cevedale-Gruppe vor. Zunächst eng und abweisend, weitet es sich im hinteren Abschnitt und eröffnet großartige Ausblicke auf die Gipfel und Gletscher ringsum, die Teil des Nationalparks Stilfserjoch sind. Unsere Rundwanderung führt durch schönstes Gelände am Fuße von Cevedale und Veneziaspitze.

Ganz hinten im Tal, nach dem Zufritt-Stausee, nahe am Gasthaus Enzian gibt es einen Parkpatz. Wenige Schritte weiter biegt der gut markierte Weg 151 rechts zur Zufallhütte (2264 m) ab. Nach einer Wanderung von etwa 45 Minuten durch schütteren Wald mit Lärchen und Zirbelkiefern erreichen wir die stattliche Hütte auf einem weiten Plateau oberhalb der Baumgrenze. Sie ist im Winter ab Mitte Februar geöffnet, der Weg deshalb meist gut gespurt. Wir stapfen weiter bergauf (Schilder „Marteller Hütte“, Nr. 151), direkt auf eine gegenüberliegende Felswand zu, überwinden eine Geländestufe und gelangen in einen weiten Talboden, auf dem sich eine herrliche Aussicht auf die Marteller Gletscherwelt eröffnet. Bald darauf erreichen wir die alte Staumauer, die vor über 100 Jahren errichtet wurde, um das Geröll des unberechenbaren Plima-

bachs aufzuhalten. Konditionsstarke folgen hier den Wegweisern zur Marteller Hütte und steigen bei gefestigter Schneelage 300 Höhenmeter zur Hütte auf, die etwas versteckt in einem Sattel am Fuße der 3386 m hohen Venedigspitze liegt (Abstieg wie Aufstieg). Wer es gemütlicher angeht, überquert den Talboden auf der Staumauer (Markierung 103) und geht über gestuftes Gelände auf der rechten Seite des Tals, das sich der Plimabach geschaffen hat, bergab zum Ausgangspunkt zurück (Markierung 31A, 40, 37).

Unweit des Parkplatzes steht die Ruine des in den 1930er-Jahren errichteten Sporthotels Paradiso, geplant von dem berühmten Architekten Gio Ponti. Das Haus erlebte nur wenige Blütejahre, nun dämmert das bröckelnde Monument besseren Zeiten entgegen.

IN KÜRZE

ca. 3 Stunden

6 km

300 Höhenmeter

Variante: bei Aufstieg zur Marteller Hütte zusätzlich ca. 1 Stunde und 300 Höhenmeter)

leichte Tour, aufgrund der Höhenlage und der offenen Hütten ideale Frühjahrstour bei gefestigter Schneelage

Ins Martelltal, Parkplatz nach dem Zufritt-Stausee (im Sommer gebührenpflichtig), nahe am Gasthaus Enzian

Mapgraphic-Wanderkarte 04 (1:25.000)

Zufallhütte: Gemütliches Schutzhaus, ab Mitte Februar geöffnet, Nächtigungsmöglichkeit, Tel. 0473 744785, Handy: 335 6306603, www.zufallhuette.com

Marteller Hütte: Das große Holzhaus des AVS hält ebenfalls im Frühjahr offen. Hüttenlager und Mehrbettzimmer, Tel. 0473 744790, Handy: 335 5687235, www.martellerhuette.com

Waldheim: Hotel mit gutem Restaurant und herrlichen Kuchen, an der Talstraße im hinteren Talabschnitt, direkt am Langlaufzentrum; Schneeschuhverleih und geführte Wanderungen; in der Saison kein Ruhetag, Tel. 0473 744545, www.waldheim.info

Tourismusverein Latsch-Martell, Tel. 0473 623109, www.latsch-martell.it

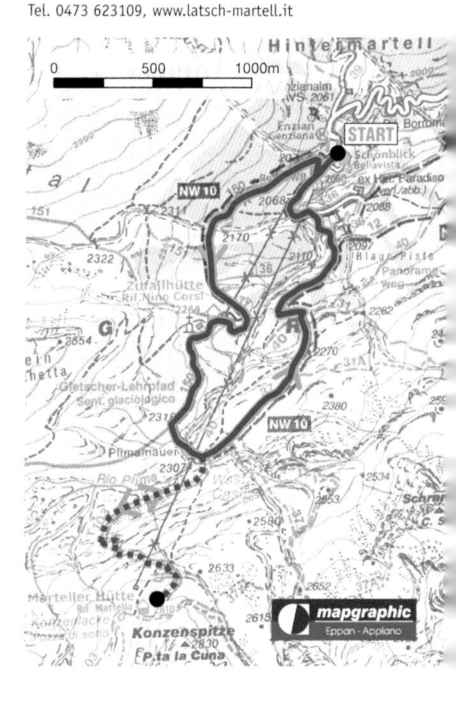

5 AUF DIE BERGLALM IM SCHNALSTAL

Flankiert von mächtigen Bergriesen, zieht sich das Schnalstal von Naturns fast 30 km lang bis zu den Gletschern der Ötztaler Alpen hin. Trotz seiner Enge hat es mit seinen typischen hölzernen Bergbauernhöfen, dem türkisen Vernagtsee und der großartigen Bergkulisse seinen besonderen Reiz. Am Talende verspricht eine Rundtour zur Berglalm bestes Schneeschuh-Wandervergnügen.

Bei den Köfelhöfen im hintersten Schnalstal finden wir an der Straße neben der Bushaltestelle eine Parkmöglichkeit. Hier beginnt der mit 5 markierte Weg, er ist meist gut gespurt, denn auch Skitourengeher nutzen den unteren Abschnitt zum Aufstieg auf den Stotz. Anfänglich über Wiesen, in einer Gasse zwischen zwei Zäunen, tritt der Steig in einen Lärchenwald ein und flankiert den Hang, immer mäßig ansteigend. Im Hintergrund liegt der Talschluss mit der Hotelsiedlung von Kurzras, der Gletscherbahn und den mächtigen Gipfeln, deren höchster die Weißkugel (3739 m) ist. Am Weg treffen wir auf ein Bildstöckl des hl. Martin, dann eine munter plätschernde Quelle, je höher wir steigen, mischen sich immer mehr Zirbelkiefern unter die Lärchen. Kurz nachdem der Weg aus dem schütteren Wald austritt, biegt unsere Route links ab, den Schildern „Taschenjöchl" und „Berglalm" folgend. Im Hintergrund die Lagaunspitze mit 3439 m. Wir überqueren einen weiten Wiesenboden und ein Bächlein auf einer hölzernen Brücke und gehen anschließend im Wesentlichen eben, streckenweise auf und ab, durch herrlichen Zirbenwald. Unmittelbar nach der Bergstation einer kleinen Materialseilbahn, (1½–2 Stunden Gehzeit) duckt sich die Berglalm (Winterruhe) in einen sonnigen

Almboden. Der Blick geht zum gegenüberliegenden Similaun, zum Vernagtsee im Talboden und bis zu den Zacken der Texelgruppe im Süden. Von der Berglalm gehen wir etwa 10 Minuten wieder zurück und nehmen den steilen Steig (Nr. 13) ins Tal zum Berghotel Gerstgras, im Zickzack geht es rasch bergab. Einen Steinwurf von den Dächern des Hotels entfernt teilt sich der Weg: Wer genug hat, geht zum nahen Hotel und nimmt an der Haltestelle beim Haus den Bus zurück zu den Köfelhöfen. Wer noch Kondition übrig hat, geht bei der oben erwähnten Gabelung den Steig 13A sanft bergauf die 2 Kilometer zum Ausgangspunkt zurück (45 Minuten).

IN KÜRZE

⌛ 3 Stunden

⟼ 6,3 km

300 Höhenmeter

Variante: bei Verlängerung Gerstgras – Köfelhöfe zusätzlich ca. 45 Minuten und 120 Höhenmeter

leichte Tour, etwas steiler Abstieg

Mit dem Pkw bis zu den Köfelhöfen, 1 km vor der Talstation Kurzras wenige Parkplätze am Weg

Tabacco-Wanderkarte 04 (1:25.000)

Marchegghof: Hofschank in 500 m Entfernung von den Köfelhöfen, uriger Schnalser Bauernhof, Mittwoch Ruhetag, Reservierung empfohlen, Tel. 0473 662163, www.marchegghof.com

Hotel Gerstgras: Gepflegte Hausmannskost, schöne Weinkarte mit Vinschger Spezialitäten, Tel. 0473 662211, www.hotelgerstgras.it

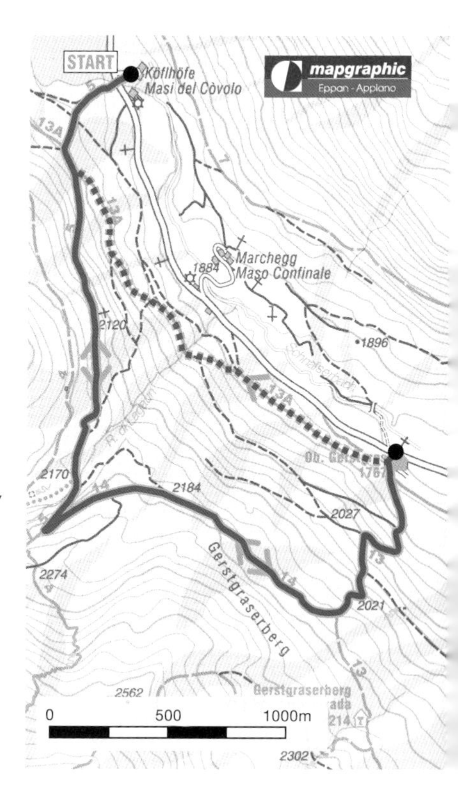

6 AUF DIE GAMPENALM AM PLATTER BERG

Das hintere Passeiertal mit seinen prachtvollen Bergen ist einer der wildromantischen Flecken Südtirols. Die Wanderung über den Gampen zum Platter Berg – genannt nach dem Dörfchen zu seinen Füßen – bedeutet Einswerden mit der eindrucksvollen Bergwelt.

Unsere Wanderung beginnt oberhalb der Streusiedlung Ulfas, beim Parkplatz am Ende der Straße auf 1500 m. Ein Forstweg führt nordwärts mäßig ansteigend bergauf. Die Route wird von Schneeschuhwanderern und Skitourengehern regelmäßig begangen, sodass die Aufstiegsspuren eine leichte Orientierung bieten. Nach ca. 200 m zweigt von der Forststraße links der alte Almweg (Urweg Stritzon-Joch) ab, auf dem wir kurz ein Waldstück durchwandern und zu einem Wiesengelände gelangen. Nun südwestwärts immer gerade bergan, zuerst über Wiesen, dann durch Wald, bis sich nach einer kurzen Steilstufe die märchenhaften Bergwiesen des Gampen (ca. 1907 m) vor uns auftun. Die Almhütten laden auch im Hochwinter zum Verweilen ein: Windgeschützt in der Sonne zu sitzen und dem mitgebrachten Proviant zuzusprechen gehört zu den Hochgenüssen beim Schneeschuhwandern. Für den Gipfelanstieg bei guter, sicherer Wetterlage geht der Weg nun über die Wiesen Richtung Nordwesten und führt zu einer Almhütte am Waldrand. Von dort in westliche

Richtung durch den Wald steil hinauf auf einen Grat und weiter zu einem Wetterkreuz oberhalb der Waldgrenze. Bei guten Verhältnissen erreichen wir ab dem Wetterkreuz in ca. 20 Minuten den Gipfel des Platter Bergs, auch Stritzon genannt (2230 m), von wo wir einen schönen Blick ins hintere Passeiertal und zu den Dreitausendern des Alpenhauptkamms haben. Für den Rückweg folgen wir den Aufstiegsspuren.

IN KÜRZE

⌛ ca. 3 Stunden

↦ 5,3 km

ca. 400 Höhenmeter

leichte Tour

Variante: bei Aufstieg auf den Gipfel 320 Höhenmeter und ca. 50 Minuten Zugabe

Von Moos in Passeier über Platt nach Ulfas und weiter bis ans Ende der Straße; Parkplatz beim Kratzegg-Hof

Mapgraphic-Wanderkarte 29 (1:25.000)

Platterwirt: Traditionelles Dorfgasthaus in Platt, Donnerstag Ruhetag, Tel. 0473 649008, www.platterwirt.it

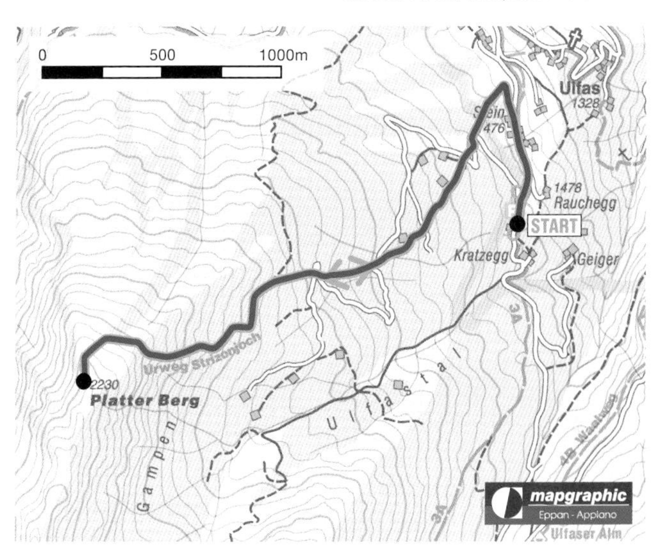

7 AUFS HAHNL

Das Hahnl ist ein unscheinbarer, aber sehr lohnender Gipfel im Passeiertal oberhalb von St. Leonhard und eine ideale Tour für Einsteiger. Im Teil oberhalb der Waldgrenze wandern wir immer leicht aufwärts mit herrlicher Fernsicht und wunderbaren Fotomotiven. Der Bergrücken, auf dem sich der Gipfel erhebt, läuft von der mächtigen Kolbenspitze (2865 m) gegen Nordosten aus.

Von der Jausenstation Christl (1132 m), die auf einem Aussichtsbalkon westlich oberhalb von St. Leonhard liegt, wandern wir in südwestliche Richtung (Weg Nr. 3) hinauf zum Pfarrer, einer einsam gelegenen Waalerhütte an einem beschaulichen Waal (einem alten Bewässerungskanal). Vom Pfarrer geht's ein Stück steil bergauf und dann immer auf dem Bergrücken bis zum Gipfel des Hahnl (1995 m). Die Ausblicke hinunter ins Passeiertal und hinaus nach Meran sind fantastisch, im Norden sieht man bis zu den Ötztaler Alpen und man kann sogar die Stubaier Alpen erahnen! Bei viel Schnee und bei Lawinengefahr empfiehlt es sich, nur bis zum Vorgipfel, dem sogenannten Hitzenbichl, aufzusteigen. Für Ortskundige bietet sich der Abstieg über die Kuntner-Alm (1747 m) bis Glauben und über den Meraner Höhenweg

zurück zur Jausenstation Christl an. Allen anderen sei geraten, auf dem Aufstiegsweg zurückzuwandern.

Diese Gegend war bereits in urgeschichtlicher Zeit besiedelt; so wurden erst vor Kurzem unterhalb der Matatzspitze bei Grabungen interessante Funde gemacht, die auf prähistorische Siedlungen hinweisen.

IN KÜRZE

ca. 5 Stunden

9 km

ca. 890 Höhenmeter

mittlere Tour, anfangs steiler Aufstieg

Von St. Leonhard in Passeier über die alte Platter Straße bis nach Breiteben, von dort ostwärts zur Jausenstation Christl

Mapgraphic-Wanderkarte 29 (1:25.000)

Jausenstation Christl: Einfaches, gemütliches Bauerngasthaus, Anmeldung erwünscht, kein Ruhetag, Tel. 0473 656246, Handy: 347 0424563

Gasthaus Breiteben: Im Weiler Breiteben, auch am Nachmittag kleine warme Gerichte, Montag Ruhetag, Tel. 0473 656249

Brückenwirt: Gasthaus an der Brücke, die von St. Leonhard Richtung Breiteben führt; eine besondere Einkehr für Schneeschuhwanderer; hier gibt es das beliebte, vom Wirt selbst gebraute Höllenbräu-Bier; empfehlenswert sind auch die Pizzen; ganzjährig geöffnet, Tel. 0473 656191, info@hoellenbraeu.com

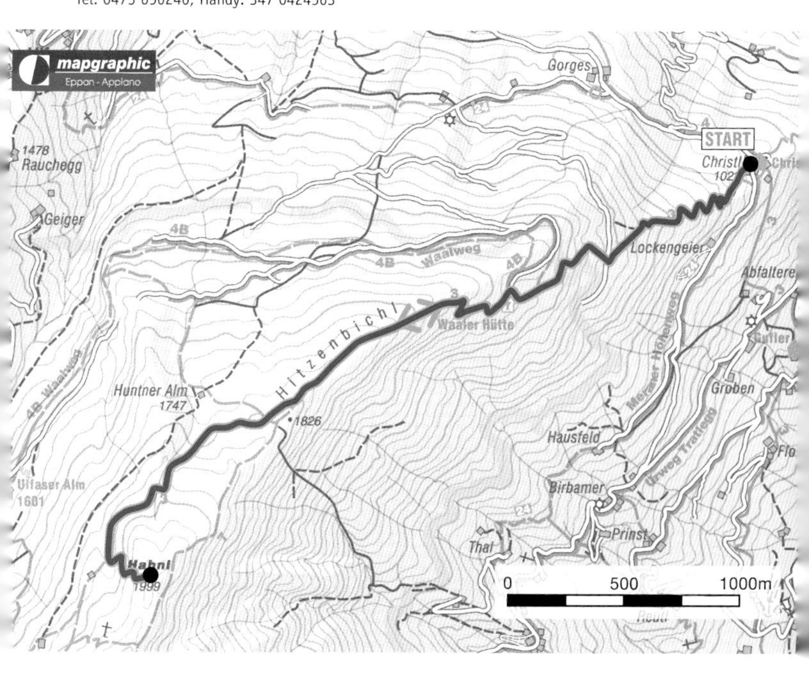

8 VON RABENSTEIN NACH SCHÖNAU

Im hintersten Passeiertal, dort, wo sich Fuchs und Hase gute Nacht sagen, entdecken Sie eine romantische Wanderung durch ein wildes Hochtal inklusive Geschichten über die Passeirer Nörggelen und gemütlicher Einkehr. Kurz unter Rabenstein war früher der Kummersee, der zwischen 1401 und 1774 durch verheerende Ausbrüche das Passeiertal und Meran verwüstete. Heute befindet sich dort eine der weltweit attraktivsten Eiskletteranlagen.

Der Ausgangspunkt unserer Wanderung liegt oberhalb des Dorfs Rabenstein. Wir wandern zunächst leicht aufwärts über den Forstweg

(Wanderweg E5), dessen erstes Stück auch als Rodelweg benutzt wird. Nach ca. 15 Minuten geht es leicht abwärts ins Tal hinein bis zu einer Brücke. Entlang des Wegs gibt es neben einer aufregenden Marterlgeschichte von Jägern auch Informationstafeln über die Passeirer Nörggelen. Der Weg führt über die Brücke und dann oberhalb des Bachs entlang bis zum Joseph-Ennemoser-Gedenkstein (er war Arzt, Autor und Tiroler Freiheitskämpfer). Von dort über die Schönauer Wiesen rechts aufwärts bis zur Timmelsjochstraße, an der ca.

100 m talauswärts das bei Schneeschuhwanderern beliebte kleine Gasthäusl Schönau liegt. Abstieg über die Aufstiegsroute.

☞ Varianten: Sie können auch über die Timmelsjochstraße einige hundert Meter bis zur Timmelsbrücke mit ihrer berühmten Eisenquelle weiterwandern und von dort rechts entlang des Forstwegs bis zur 2000 m hoch gelegenen Timmelsalm.

☞ Eine weitere lohnende Variante bietet die Wanderung vom Gasthaus ca. 300 m talauswärts über den Forstweg hinauf bis zur Obergostalm (1990 m).

IN KÜRZE

⌛ 3 Stunden

↦ ca. 7 km

380 Höhenmeter

leichte Tour

Mit dem Auto von Moos bis nach Rabenstein in Passeier, am Ende des Dorfs noch ca. 300 Meter weiter, bis kurz vor der Häusergruppe Bichl links bei einem großen Felsen ein Forstweg abbiegt; dort Parkmöglichkeit

Mapgraphic-Wanderkarte 30 (1:25.000)

Gasthaus Schönau: Sehr zu empfehlen der gemischte Salat mit Leber oder die Speckknödel; bei entsprechender Konsumation lässt sich der Wirt Stephan nicht lumpen und spendiert zum Abschluss einen besonderen Schwarzbeerlikör; Tel. 0473 647051

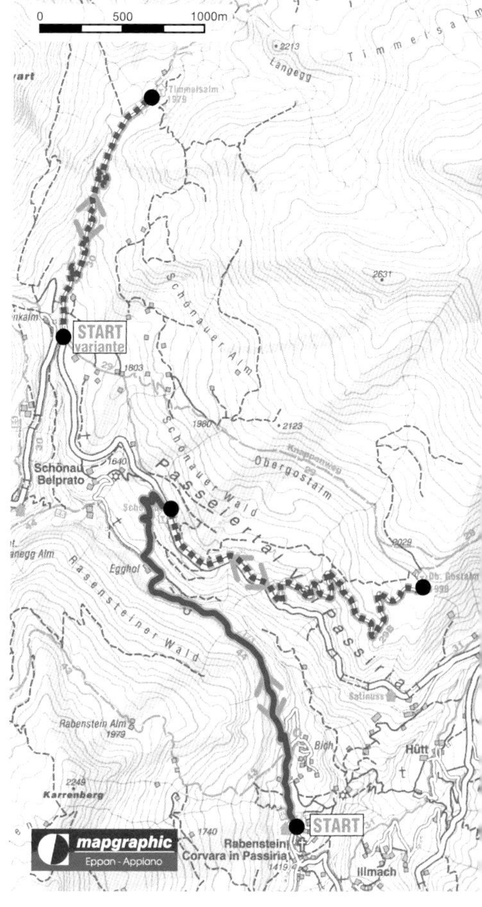

9 AUFS VIGILJOCH

Im Sommer ist das Vigiljoch eine beliebte Wandergegend, im Winter wandelt es sich zu einem der ältesten und kleinsten Skigebiete des Landes – die ausgedehnten Almen und Wälder laden zum Schneeschuhwandern geradezu ein.

Eine Seilbahn bringt uns von Lana in knapp 1500 m Höhe, anschließend geht es mit einem altmodischen Einer-Sessellift zur Bergstation auf 1814 m. Hier beginnt unser Weg, der nach Westen zum Gasthof Jocher beim Kirchlein zum hl. Vigilius führt. Der mit Nr. 9 rot-weiß markierte Weg verläuft zwischen Gasthaus und Kirche durch, geht abwärts zum nahen Joch und schließlich mäßig steigend immer den Kamm entlang durch Fichtenwald Richtung Südwesten. Wir folgen weiterhin der Markierung Nr. 9 Richtung Hochwart (die Abzweigungen Nr. 30 und 9/A nicht beachten!). Der Wald wird schütterer, bald sehen wir nach einer Geländestufe die Anhöhe des Rauhen Bühels (2027 m) mit einer Antennenanlage und einem Jäger-Hochstand. Die Aussicht von der exponierten Kuppe ist unvergleichlich. Weiter im Westen erhebt sich das Naturnser Hochjoch. Abstieg in nordwestlicher Richtung zur Naturnser Alm (1922 m). Unter einem Dachvorsprung stehen ein Tisch und eine Bank für die wohlverdiente Stärkung, dann geht's auf Weg Nr. 30 in östlicher Richtung heimwärts. Nach etwa 1 Stunde Gehzeit treffen wir wieder auf den Aufstiegsweg.
☞ Für Ambitionierte ist das Naturnser Hochjoch eine lohnende Zugabe – die Aussicht ist großartig und lohnt die Mühe. Wir gehen vom

Rauhen Bühel am Südrand der Kuppe am Waldrand entlang, folgen dem Sommerweg, größtenteils parallel zu einem Weidezaun. Für den Aufstieg zum Hochjoch, das gut sichtbar immer im Blickfeld liegt, wählen wir die Route über die Südflanke bis zu einem Sattel, wir vermeiden die direkte Linie über die steile Südostflanke. Vom Sattel geht es weglos bis zu einem großen Steinmandl unterhalb des Gipfels auf einer Verebnung; wir begnügen uns mit dem Erreichten und verzichten auf den letzten kurzen Aufstieg über felsdurchsetztes steiles Gelände bis zum eigentlichen Gipfel. Rückweg über die Aufstiegsroute.

IN KÜRZE

3 Stunden

9 km

ca. 280 Höhenmeter

leichte Tour

Mit der *Variante* zum Naturnser Hochjoch Gehzeit 5–6 Stunden, ab dem Rauhen Bühel zusätzlich 350 Höhenmeter und 1½ Stunden Aufstieg

Mit der Seilbahn von Oberlana (am Beginn der Straße ins Ultental) zum Vigiljoch; Parkplatz an der Talstation

Mapgraphic-Wanderkarte 05 (1:25.000) oder 28 (1:25.000)

Bergstation Sessellift: Gemütliches Berggasthaus mit warmer Küche bis 16 Uhr, Sonnenterrasse mit Dolomitenpanorama, Mittwoch Ruhetag, Tel. 0473 564828

vigilius mountain resort: Exklusives Haus mit einladender Gaststube und Sonnenterrasse; im Restaurant und in der Bar sind Tagesgäste gern gesehen; kein Ruhetag, Tel. 0473 556600

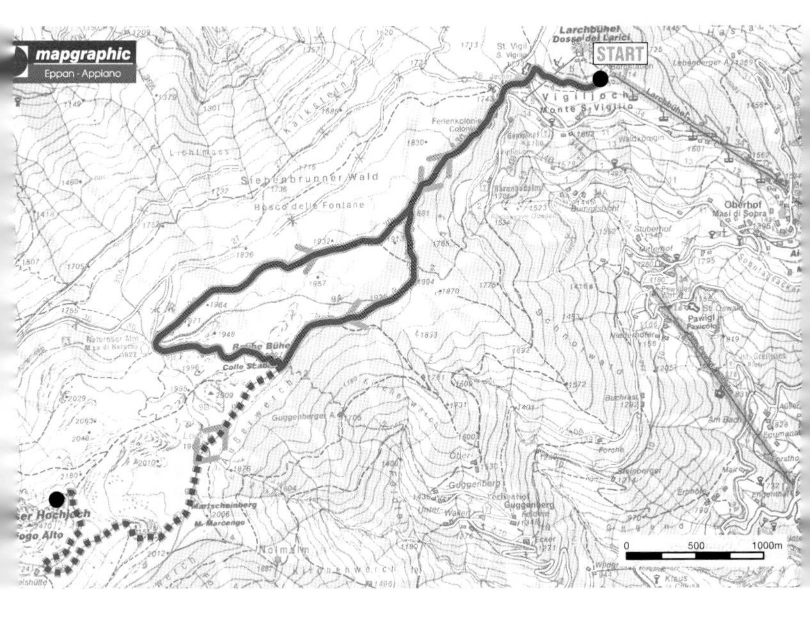

10 AUF DEN LARCHERBERG

Südlich von Meran, bei Lana, zieht sich das Ultental, eines der ursprünglichsten Täler Südtirols, etwa 40 km bis zu den vergletscherten Dreitausendern der Ortlergruppe. In der Nähe des sonnigen Skigebiets der Schwemmalm führt ein gemütlicher Rundweg durch schüttere Wälder, zu einsamen Höfen, über weite verschneite Wiesen und zu urigen bewirtschafteten Hütten.

An der alten Talstation des Sessellifts, neben einem Berghotel und einem Ski- und Schneeschuhverleih, beginnt unsere Wald-und-Wiesen-Runde. Der Weg ist als Schneeschuh-Wanderweg mit einem eigenen Piktogramm markiert und meist gespurt, er wird auch von den Ultner Jägern, die ihre Wildfutterstellen kontrollieren, benutzt. Der mit Nr. 9 markierte Waldweg bringt uns ansteigend in etwa einer halben Stunde zu den sonnigen Höfen und Wiesen von Innerlarcha. Hier biegt er westwärts ab (Wegweiser „Kofelraster Seen" und „Hoher Dieb", Nr. 4A) und führt als Forstweg leicht bergauf, an einer Wildfutterstelle und alten Wegkreuzen vorbei zur Larcherberger Säge (40 Minuten). Einst wurde hier mit der wasserbetriebenen, mittlerweile aufgelassenen Säge das Holz der Bergbauern aus der Gegend verarbeitet. Nun führt der Forstweg leicht bergab (Nr. 4B) und mündet bei einer Lichtung mit Almhütte und Bank, der „Windwerf", in einen Waldweg, der bei der bewirtschafteten Steinrastalm am weiten sonnigen Talboden auf die asphaltierte Straße stößt (½ Stunde). Im Westen erhebt sich das 3257 m hohe Hasenohr, auf seiner Bergflanke ist die hohe Staumauer des dahinter liegenden Arzkar-Stausees zu erkennen. Nach einer Pause in der gemütlichen Berghütte wandern wir auf der rechten Seite auf Weg 11 talauswärts bis

zum Weiler St. Moritz mit Kirche und Gasthaus, dabei wird an einer übersichtlichen Stelle die Skipiste gequert. Es wurde eigens ein Waldweg angelegt, um den Skifahrern nicht ins Gehege zu kommen (1 Stunde). Bei St. Moritz öffnet sich der Ausblick zum Etschtal und den fernen Sarntaler Bergen, tief unten im Tal liegt der zugefrorene Zoggler Stausee, auf der gegenüberliegenden Talseite markieren die Maddalene die Grenze zum dahinter liegenden Nonsberg. Für den Rückweg schlagen wir den Weg Nr. 9 ein, der uns in einer Dreiviertelstunde leicht bergab zum Parkplatz bringt.

IN KÜRZE

⌛ 4 Stunden

⟼ 10,2 km

500 Höhenmeter

leichte und sichere Tour

Bei Kuppelwies, hinter St. Walburg, zweigt von der Talstraße ein Bergweg zur Schwemmalm ab; seit die Umlaufbahn das Skigebiet erschließt, ist diese Straße wenig befahren; Parkplatz an der alten Talstation

Mapgraphic-Wanderkarte 25 (1:25.000)

Steinrast-Alm: Kleines Bergrestaurant, Kräuter-Ziegenkäse-Knödel, Zirmspätzle, Alpenrosenblütengerichte, hausgemachte Kuchen, Tel. 0473 412017, Handy: 328 9039885

Gasthof St. Moritz: Am Skiweg, Terrasse, Stube, jeden Dienstag Wild, Tel. 0473 790180

Tourismusverein Ultental: Tel. 0473 795387, www.ultental.it

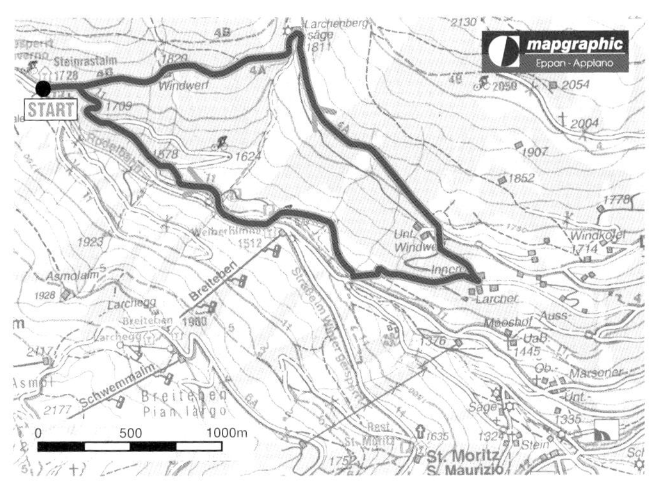

11 AUF MERAN 2000

Vom Ski- und Wandergebiet Meran 2000 läuft ein Höhenrücken sanft nach Süden, bis nach Jenesien, aus. Auf diesem reiht sich ein Bergbuckel an den anderen. Der erste ist der Spieler mit 2080 m, der südlichste das 2086 m hohe Kreuzjoch, beides prächtige Aussichtsberge, leicht zu ersteigen, mit gut markierten Wegen und daher ein ideales Winterwanderziel.

Der Rundweg zum Spieler beginnt am Parkplatz der Umlaufbahn von Hafling-Falzeben (1608 m). Zwischen dem Café-Restaurant Panorama und der Talstation geht der rot-weiß und mit 51 markierte Weg nach Nordosten ab (Wegweiser „Moschwaldalm", „Maiser Alm"). Der ebene Weg führt uns rasch vom Trubel an der Talstation weg in einen Wald. Nach Überquerung des Sinicher-Bachs geht der Weg steiler, teils mit Stufen, durch den Wald, trifft auf den von Hafling kommenden Forstweg und führt dann in wenigen Minuten zur Moschwaldalm (1760 m, Winterruhe) auf einem sonnigen Wiesenboden. Weiter geht's durch schütteren Fichtenwald zur Maiser Alm (1783 m, im Sommer bewirtschaftet, Brunnen), die geschützt in einer Wiesenmulde liegt. Ab hier führt der Weg in vielen Kehren und mit wenig Steigung zur Kammhöhe. Dort, beim sogenannten Kreuzjöchl (1984 m), stehen ein Wegkreuz und eine Bank. Richtung Norden geht's auf der Kammschneide zur Gipfelkuppe des Spieler (2080 m) mit Wetterkreuz und Bank. Der Blick schweift vom nahen Ifinger nach Süden bis zu den Gardasee-Bergen. Die Meraner Hütte des AVS (1960 m) ist vom Gipfel in 15 Minuten zu erreichen. Hier tauchen wir in die Hektik und den Trubel der Skifahrer ein, in der Nähe befinden sich die Sessellifte vom Mittager und Kesselberg. Von der Meraner Hütte steigen wir in südöstlicher Richtung in die Nähe der Talstation des Kuhleiten-Lifts ab (beschildert: Maiser Alm, Nr. 13A), etwas oberhalb davon geht unser Weg eben in den Wald und mündet bald in einen Forstweg (Nr. 17), der zur Maiser Alm führt und sich hier mit dem Aufstiegsweg vereint.

☞ Im Dezember liegt auf Meran 2000 meist schon Schnee, die Lifte gehen aber erst zu Weihnachten in Betrieb. Die Zeit vorher ist die ruhigste.

IN KÜRZE

⌛ 4 Stunden (Falzeben – Spieler ca. 2 Stunden, zur Meraner Hütte und nach Falzeben zurück nochmals ca. 2 Stunden)

⟼ 10 km ⊗ ca. 500 Höhenmeter

✪ leichte Tour

🚗 Von Meran-Naif auf breiter Panoramastraße zum Parkplatz bei Falzeben; zwischen dem Bahnhof Meran und Falzeben verkehrt mehrmals täglich ein öffentlicher Bus

⇧ Mapgraphic-Wanderkarte 07 (1:25.000) oder 31 (1:25.000)

🍴 **Meraner Hütte** (AVS-Hütte): Preiswert, Riesenportionen, Schlafgelegenheit, ganzjährig geöffnet, kein Ruhetag, Tel. 0473 279405

Café-Restaurant Panorama: Terrasse, rustikale Stube, Tel. 0473 279537

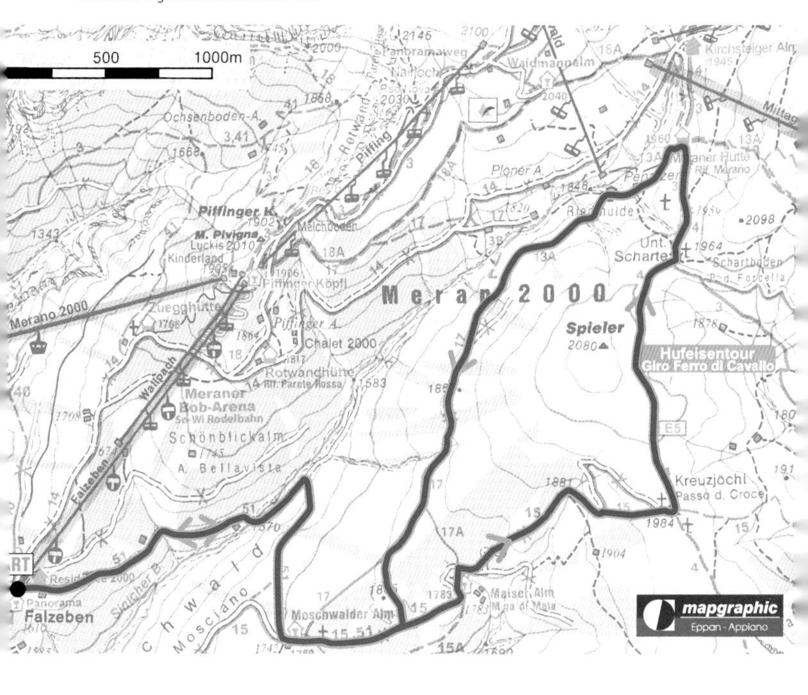

12 AUF DIE VÖRANER ALM

Ausgangspunkt ist der Gasthof Waldbichl (1500 m) in Vöran, vom Weiler Aschl aus erreichbar, Parkplatz ist ausreichend vorhanden. Ein Schild gibt die entsprechenden Anweisungen: „Af der Olm, do gibt's an Brauch, wo man parkt, do trinkt man auch."

Beim Gasthof beginnt der mit 15 markierte Weg zur Möltner Kaser. Zuerst in einem Waldstück leicht aufwärts, mündet der Steig in einen breiten Forstweg und geht anschließend meist eben durch schütteren Wald, an der Kompatsch-Alm (1658 m) vorbei zu einem kleinen Tal, überquert ein Bächlein, anschließend geht's leicht aufwärts, immer der Markierung „Möltner Kaser" folgend. Hier, bei „Kressbrunn", steht ein Holzhäuschen mit Tisch und Bank, ein Steiglein führt aufwärts und mündet auf einer Anhöhe in den breiten, viel begangenen Fernwanderweg E5. Dieser bringt uns in wenigen Minuten bis zur Möltner Kaser (1763 m, im Winter an Wochenenden bewirtschaftet). Bis hierher ca. 2 Stunden. Jetzt zieht sich der Steig am Fuße der Kuppe der „Steinernen Mandln" entlang nordwärts bis zum Auener Joch (1925 m). Der flache Sattel, Kreuzungspunkt vieler Wege, liegt auf dem weiten baumlosen Höhenrücken, der sich von Meran 2000 bis nach Jenesien zieht. Noch ein kurzer Aufstieg und wir stehen am Kreuzjoch (2084 m), trotz seines Namens die höchste Bergkuppe der Gegend! Der 360-Grad-Rundblick sucht seinesgleichen: Ifinger und Hirzer, die Sarner Scharte, Dolomiten, Lagorai, Mendel, Brenta, Ortler und Ötztaler Alpen! Der Weg biegt nach Südwesten ab, es geht über weite verschneite Almwiesen mit herrlichem Ausblick auf die Vöraner Alm (1879 m, Winterruhe) zu. Anschließend führt der Steig (Markierung 11/A) abwärts über die Wiese, durch Wald, quert einen Forstweg, geht an der „Rosshütte" vorbei, stößt wieder auf den Forstweg (nun Markierung 11) und führt parallel dazu im Wald auf die Leadner Alm zu. Bei einer Weggabelung folgen wir den Schildern zum Gasthof Waldbichl.

Ein weiterer Ausgangspunkt wäre die bewirtschaftete Leadner Alm (1512 m), einen Steinwurf vom Gasthof Waldbichl entfernt. In diesem Fall Zufahrt vom Gasthof „Grüner Baum".

IN KÜRZE

⌛ 5–6 Stunden (Waldbichl – Möltner Kaser 2½ Stunden, Vöraner Alm 1½ Stunden, Waldbichl 1 Stunde)

↦ 15,5 km

700 Höhenmeter

leichte, aber lange Tour

Auf der Sonnenstraße zwischen Mölten und Vöran beschilderte Abzweigung beim Weiler Aschl

Mapgraphic-Wanderkarte 7 (1:25.000)

Gasthof Waldbichl (1530 m): Sonnenterrasse, Kinderspielplatz, Hausmannskost, jeden Sonntag Lammbraten, Donnerstag Ruhetag, Tel. 0473 278113, www.waldbichl.com

Leadner Alm: Tiroler Kost, Tische im Freien, Rodelbahn, Montag Ruhetag, Tel. 0473 278136, www.leadner-alm.com

Möltner Kaser: Almwirtschaft, im Winter an den Wochenenden geöffnet, nur zu Fuß erreichbar; Tel. 368 400067, 348 795857

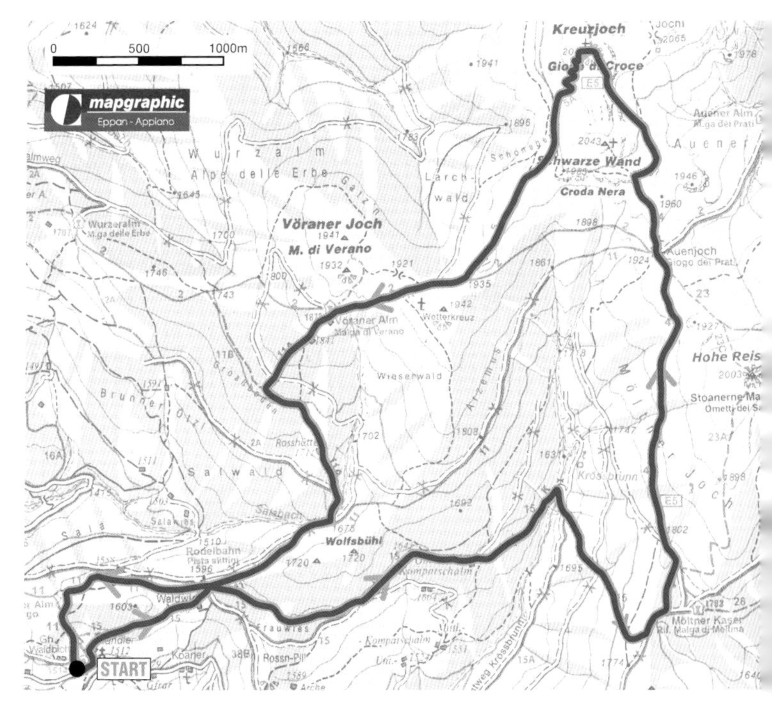

13 : ZUR LAUGENALM

Der Gampenpass ist der Übergang vom Südtiroler Etschtal zum Trentiner Nonsberg. Im Nordwesten des Passes erhebt sich der mächtige, 2434 m hohe Laugen, auf dessen Südflanken sich Almen und weite Wälder ausbreiten; mittendrin liegt unser Ziel, die Laugenalm.

Gegenüber dem Gasthof Gampenjoch auf 1580 m beginnt die Forststraße (Markierung 10, gut beschildert), die durch lichten Wald in 1½ Stunden mit geringer Steigung zu den Häusern der Laugenalm (1853 m) führt. Nach etwas mehr als der halben Wegstrecke bietet sich eine kleine Abkürzung auf einem steilen, markierten Steig an. Die im Winter geschlossene Laugenalm liegt auf einer Geländeterrasse; vor dem in der Mitte des 19. Jahrhunderts erbauten Haus laden Tische und Bänke zu einem Winterpicknick ein. Hinter dem Haus steigen die felsigen Hänge bis zum Gipfel des Laugen empor. Nach Osten reicht der Blick bis zu den fernen Dolomiten.
Bis zur Laugenalm ist der Weg viel begangen, wir empfehlen deshalb eine längere, lohnenswerte Zugabe, die über einsame Almen und durch Waldregionen führt. Von der Laugenalm wenden wir uns nach Süden und folgen den Wegweisern zur Malga Pradont, der Oberen Alm. Den Zaun entlang, über einen Bachgraben und dann steiler werdend, schlängelt sich der Steig zu einem flachen Sattel. Wo die Wegweiser nordwärts auf den Laugen zeigen, gehen wir westwärts sanft absteigend bis in den weiten Talkessel, wo die im Winter verlassene große Malga Pradont steht. Nun führt südwärts ein breiter Forstweg zum Tal hinaus, nach 30 Minuten Gehzeit ab der Alm verlassen wir den Forstweg links und folgen einem Steig, über eine kleine Brücke, durch Wald nun etwas steiler werdend, bis ins Dorf Unsere liebe Frau im Walde. Von dort mit dem Linienbus zurück auf das Gampenjoch. Für diese Zugabe mit 180 Höhenmetern sind 2 Stunden einzuplanen.

☞ Bei dieser Tour darf ein Fernglas im Rucksack nicht fehlen, in den sonnigen, grasigen Hängen oberhalb der Baumgrenze halten sich oft ganze Rudel von Gämsen auf.

👁 In dem wenige Kilometer entfernten Ort Unsere Liebe Frau im Walde steht eine viel besuchte Marienwallfahrtskirche. Neben den barocken Altären sind auch die vielen Votivbilder sehenswert.

IN KÜRZE

⌛ Vom Gampenpass zur Laugenalm und zurück ca. 3 Stunden

↦ 6 km

ca. 380 Höhenmeter

leichte Tour; für den Rundweg zur Malga Pradont 190 Höhenmeter und 2 Stunden Gehzeit zusätzlich

🚗 Von Lana oder über Nals und Tisens zum Gampenpass; Parkplatz beim Gasthof Gampenjoch

Mapgraphik-Wanderkarte 28 (1:25.000)

🍴 **Gasthaus Gampenjoch:** Einfaches Gasthaus direkt an der Passstraße, Freitag Ruhetag, Tel. 0463 886148

Gasthof zum Hirschen: Gemütliches Gasthaus und Hotel am Dorfplatz in Unsere Liebe Frau im Walde; im Sommer kein, im Winter Dienstag Ruhetag, Tel. 0463 886105, www.zumhirschen.com

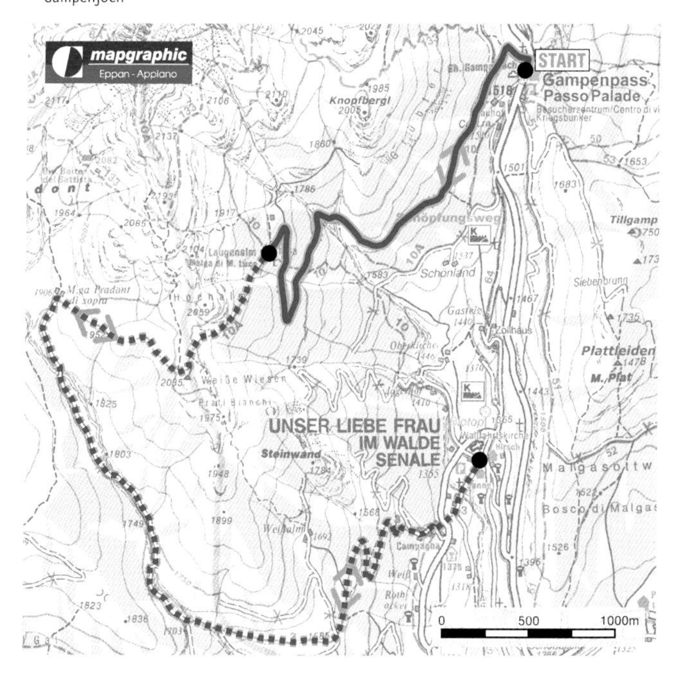

14 ZU DEN STOANERNEN MANDLN

Diverse Sagen ranken sich um die frei stehende Bergkuppe im Südwesten Sarntheins. Auf der Hohen Reisch „wachsen" unzählige, bizarre Steinsäulen aus aufgeschichteten Felsplatten in den Himmel: die Stoanernen Mandln.

Der Aufstieg zu den Stoanernen Mandln ist auch im Winter leicht und problemlos. Mehrere Wege führen dorthin, wir beschreiben die zwei einfachsten:

Bei Anfahrt von Jenesien oder Mölten ist der Start am Parkplatz in Schermoos, unterhalb des Gasthauses und Höhenkirchleins Langfenn. Der gut beschilderte und markierte Weg (17/B, 17, 17/A und 15) ist bis zur Almwirtschaft Möltner Kaser deckungsgleich mit dem Europäischen Fernwanderweg E5 und führt mäßig aufwärts zuerst auf den zunächst höchsten Punkt zu, das Möltner Joch mit einem Wetterkreuz (1 Stunde ab Schermoos). Nun eben weiter bis zur Möltner Kaser (50 Minuten ab Möltner Joch) und hier wieder aufwärts in 50 Minuten auf den prächtigen Aussichtsplatz mit Gipfelkreuz. Auf dem Rückweg bietet sich ein kleiner Schwenk zur Sattlerhütte an.

Eine Variante der Tour startet bei der Sarner Skihütte (1614 m, im Winter geschlossen). Der Weg führt von der Sarner Skihütte nahe dem Auener Hof auf dem Fußweg Nr. 2 zur Auener Alm (1788 m, Winterruhe) und zum Auenjoch (1924 m). Beim Auenjoch geht der Weg südöstlich zum nahen Gipfelplateau (2003 m) mit den unzähligen Steintürmchen. Zurück auf demselben Weg, Gesamtgehzeit 3 Stunden.

👁 Niemand weiß genau, wie alt die 2–3 m hohen Steinsäulen aus aufgeschichteten Felsplatten sind und wer sie errichtet hat. Vor unvordenklichen Zeiten sollen sich hier die Hexen getroffen und Gewitter mit Blitz und Hagel zusammengebraut haben. Die Pachlerzottel, eine Frau aus dem Sarntal, hat die Hexerei gestanden. Schriftliche Aufzeichnungen ihres Prozesses belegen, dass es bereits im fernen Jahr 1540 die Stoanernen Mandln auf der Hohen Reisch gegeben hat.

IN KÜRZE

⌛ 4–5 Stunden

↦ 12,6 km

ca. 600 Höhenmeter

leichte Tour

Von Mölten: Vom Dorf in Richtung Flaas-Jenesien bis zum Parkplatz am Sattel von Schermoos (1450 m) bzw. von Jenesien nach Flaas und dort weiter in Richtung Mölten bis zum Parkplatz am Sattel von Schermoos

Vom Sarntal: Vorbei an der Kirche von Sarnthein führt eine asphaltierte Straße westwärts auf den Berg, der Weg zum Auener Hof ist gut beschildert, nahe beim Hotel liegt die Sarner Skihütte

Mapgraphic-Wanderkarte 07 oder 31 (1:25:000)

Auener Hof: Berghotel, Reiterhof, gutes Restaurant in schöner Aussichtslage, Montag Ruhetag, Tel. 0471 623055

Gasthaus Höllriegl: In Sarnthein, Mittwoch Ruhetag, Tel. 0471 623077

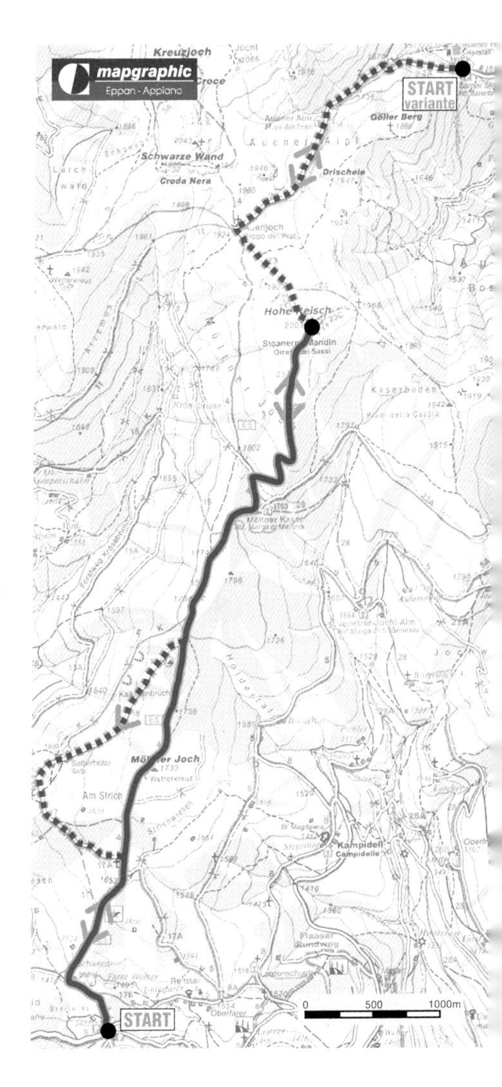

15 AUF DEN ÖTTENBACHER BERG

Im Nordwesten von Sarnthein liegt der sonnige, einsame und aussichtsreiche Öttenbacher Berg (in den Karten auch als „Sam" bezeichnet) mit seinem ausgedehnten Almengebiet. Er ist ein Ausläufer der Meraner Hausberge Ifinger und Hirzer, zu dessen Füßen das Skigebiet Meran 2000 liegt.

Vom Obermarcher (1638 m), dem letzten Hof der Streusiedlung von Öttenbach, die sich am sonnigen Hang oberhalb von Sarnthein bis fast zur Baumgrenze hinzieht, gehen wir auf einer breiten Forststraße mäßig ansteigend bergauf, verlassen den Waldgürtel und erreichen nach 40 Minuten die Öttenbacher Alm auf freiem Almgelände. Nach einer kurzen Einkehrpause geht es weiter, wir steigen hinter der Alm auf, erreichen das flache „Sambacher Schartl" (2045 m) und schwenken dann nach Osten auf das flache Gipfelplateau zu. Auf dem Öttenbacher Berg (2137 m) ragt ein hölzernes Kreuz, das Schmelzer Kreuz, in den Himmel, ein behauener Stamm dient als Sitzbank. Fantastische Aussicht zu den Dolomiten, nach Süden ins Tal und auf das Dorf Sarnthein.

☞ Wer noch eine Zugabe möchte, für den bieten sich zwei Varianten an: **Zur Meraner Hütte:** Von der Öttenbacher Alm folgen wir dem breiten Weg Nr. 14, der in einer guten Stunde fast eben zur Hütte führt. Bei der Unteren Scharte (1964 m) öffnet sich der Blick auf das Skigebiet Meran 2000. Der Rückweg führt wieder zurück zur Unteren Scharte und dort weiter auf Weg Nr. 3 (also nicht über die Öttenbacher Alm) zum Obermarcher. Zugabe etwa 2 Stunden, 70 Höhenmeter. **Auf den Mittager:** Während der ganzen Wanderung liegt der weiße Buckel des Mittager vor uns, was liegt näher, als ihn zu besteigen?

Dabei folgen wir ab dem Sambacher Schartl dem Tälchen aufwärts bis zu einer Scharte, gehen auf die Windspitze und nun ostwärts den flachen Grat bis zum Mittager (2422 m), wo uns eine fantastische Aussicht belohnt. Am Rückweg kehren wir bei der Mittager Hütte ein und gehen über die freien Hänge auf die Öttenbacher Alm zu und von dort auf breitem Weg zum Obermarcher zurück. Insgesamt 750 Höhenmeter und 5 Stunden Gehzeit.

IN KÜRZE

⌛ auf den Öttenbacher Berg:
Aufstieg 1 Stunde 40 Minuten, Abstieg 1 Stunde 10 Minuten

↦ 7 km

460 Höhenmeter

leichte Tour

Im Norden von Sarnthein von der Staatsstraße in die Handwerkerzone und auf der geteerten Höfezufahrt 8 km zum Obermarcher Hof

Mapgraphic-Wanderkarte 07 (1:25.000) oder 31 (1:25.000)

Meraner Hütte (AVS-Hütte):
Tel. 0473 279505

Öttenbacher Alm: Im Winter zu Weihnachten und an den Wochenenden geöffnet; die Wirtin, Elisabeth Rottensteiner, kennt sich gut aus und gibt gern Wandertipps; Tel. 338 3881008

Berggasthaus Mittager: An der Bergstation des gleichnamigen Lifts, Tel. 347 3016499

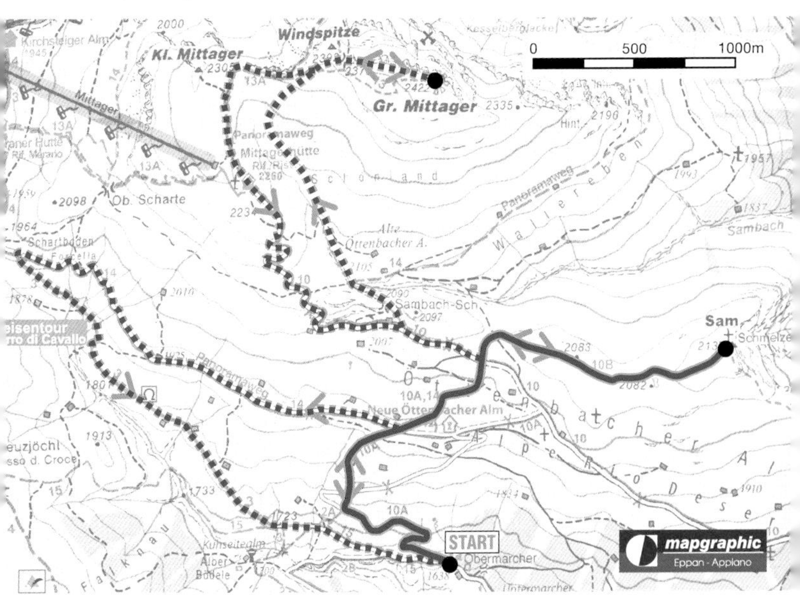

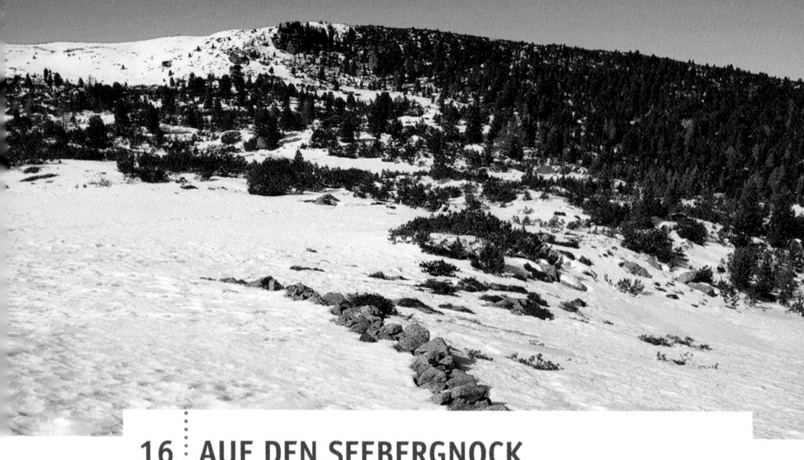

16 AUF DEN SEEBERGNOCK

In den Sarntaler Alpen, nördlich des Villanderer Bergs, am Fuße der Felsabbrüche, streckt ein kleiner Bergrücken seinen schneeweißen Buckel aus den grünen Wäldern. Für Skitourengeher ist dieses einsame „Bergl" zu wenig steil und aufregend, für Schneeschuhwanderer aber gerade recht, der Aufstieg über die weiten Almwiesen bis zum Totenkirchl ein Vergnügen.

Ausgangspunkt ist der große Parkplatz für die Skifahrer in Reinswald. Wir folgen der ebenen Teerstraße ostwärts, gehen am Prosl-Hof vorbei (Hofkäserei, auf dem Rückweg Einkaufstipp!) zum Bach mit der Reinswalder Mühle (Winterruhe). Hier folgen wir den Wegweisern „Totensee-Kreuzweg" und nehmen den breiten Weg, den Getrumbach entlang aufwärts, vorbei an hölzernen Kreuzwegstationen. Nach 45 Minuten Gehzeit ab Mühle verlassen wir den Bachgrund und folgen rechts den Wegweisern „Kreuzweg" und der Markierung „T" südwärts. Der Weg verengt sich zu einem Steig, überquert auf einer Brücke ein Bächlein und führt aus dem Wald heraus auf freies Gelände und über Almwiesen auf eine bereits gut sichtbare, neu umgebaute Almhütte zu, die Riebner-Seeberghütte (2047 m). Von hier überwinden wir in 20 Minuten die letzten 120 Höhenmeter, die uns vom Totenkirchl (2186 m) am Fuße des Villanderer Bergs trennen. Nun öffnet sich ein überwältigender Blick zu den Dolomiten und über die weiten Hochflächen der Villanderer Alm. Der Rückweg führt vom Totenkirchl in die Senke westlich der Seeberghütte.
Am Westufer des verschneiten Schwarzsees geht es kurz auf einen Sattel und dann nordwärts zur 2146 m hohen Kuppe des Seebergnocks. Wir überqueren den ebenen, baumfreien Rücken und genießen die Stille, die Einsamkeit und die schöne Aussicht. Am Ende der Kuppe steigen wir rechts, also ostwärts, kurz durch schütteren Wald weglos ab und stoßen bald auf die Aufstiegsspur, der wir nun bis zum Ausgangspunkt folgen.

In der einsamen Bergwelt steht auf 2186 m das Totenkirchl, mehr Kapelle als Kirche, denn es fehlt der Glockenturm. Im Sommer wird das Plätzchen viel besucht. In der Nähe wurde in früheren Zeiten Erz abgebaut; am 20 Minuten entfernten Totensee (2208 m) wurde ein Brandopferplatz aus vorchristlicher Zeit entdeckt. Im Winter sind sowohl die Zeugen des einstigen Erzabbaus als auch die drei kleinen Seen am Seeberg meist unter einer hohen Schneedecke verborgen.

IN KÜRZE

Aufstieg ca. 2½ Stunden, Abstieg ca. 2 Stunden

13 km

ca. 730 Höhenmeter

mittlere Tour

Von Bozen ins Sarntal, nach Astfeld Abzweigung rechts Richtung Durnholz; nach Reinswald wieder rechts abbiegen

Mapgraphik-Wanderkarte 32 (1:25.000)

Pizzeria Gasthaus Santerhof: Beliebte Einkehr in Unterreinswald, wo sich die Skifahrer vom Reinswalder Skigebiet zum Ausklang des Tags treffen; Donnerstag Ruhetag, Tel. 0471 625187

17 AUF DIE PFATTENSPITZE

Von der Kassianspitze, einem östlichen Vorposten der Sarntaler Alpen, der schon entschieden ins Eisacktal und in den Brixner Talkessel schaut, zieht sich ein niedriger Gebirgsrücken Richtung Durnholzer Tal. Am Ende dieses Rückens liegt die Pfattenspitze, ein leichter, aber lohnender Gipfel.

Wir fahren auf der Höfezufahrt zum Schacher- und Eggerhof (1642 m), bei der beschilderten Abzweigung zum Eggerhof gibt es einige Parkplätze. Der breite Weg geht zwischen neuem und altem Haus des Eggerhofs durch, eine Markierung und eine Spur von Skibergsteigern und Schneeschuhwanderern biegt bald rechts in den Wald und geht, dem Zaun des Egger Wiesls folgend, stramm aufwärts zur Waldgrenze und weiter der Pfattenspitze zu, von der das Kreuz schon herunterwinkt. Kurz vor dem Gipfelplateau queren wir dichte Latschenfelder, die sich aber bei guter Schneelage unter dem weißen Teppich verstecken. Nach einem letzten, etwas steilen, aber kurzen Gipfelhang stehen wir auf der aussichtsreichen Pfattenspitze (2432 m). Für den Abstieg geht es auf dem Kamm noch etwa 400 m ostwärts zu einem weiteren kleinen Gipfel. Nun über die weiten Südhänge hinunter zur Baumgrenze und weiter zu den Holzhütten des Pfattner Alpls (2084 m) in einer breiten Senke. Ab hier führt ein Forstweg talwärts; auf diesem wandern wir durch märchenhafte Lärchenwälder stetig abwärts zum Radler (1670 m), dem höchsten der Streuhöfe an diesem Berghang oberhalb von Durnholz. Der Weg wird auch als Rodelbahn benutzt und ist deshalb meist breit gespurt. Vom Radler weiter abwärts zum Krösshof (1651 m), einer einfachen Bauernwirtschaft und guten Einkehr, und dann eben (nicht ins Tal absteigen!) nordwärts zum Ausgangspunkt beim Eggerhof zurück.

👁 Die Bauersleute vom Krösshof, die Familie Premstaller, sind als echte Sarner auch geschickte Handwerker. Da werden Pantoffeln, die praktischen „Toppar", angefertigt und Wolle für die original Sarner Janker gesponnen.

IN KÜRZE

⌛ 4–5 Stunden

↦ 11 km

ca. 650 Höhenmeter

mittlere Tour, etwas steiler Gipfelanstieg; bei Neuschnee oder Windverfrachtungen beginnt man die Tour am besten beim Radler und steigt nur bis zum Pfattner Alpl auf

🚗 Von Bozen über Astfeld nach Durnholz im Sarntal; beim Parkplatz vor dem Durnholzer See (ca. 1550 m) auf der geteerten und geräumten Höfezufahrt zum Schacher- und Eggerhof (1642 m) 0,8 km aufwärts, bei der beschilderten Abzweigung zum Eggerhof einige Parkplätze

Mapgraphic-Wanderkarte 31 (1:25.000)

🍴 **Krösshof:** Urige, einfache Einkehr oberhalb von Durnholz, Urlaub auf dem Bauernhof, kein Ruhetag, Anmeldung erwünscht, Tel. 0471 625207

Pfarrgasthaus, Durnholz: Direkt neben der Kirche gelegen, warme Küche nur bis 13.30 Uhr! Donnerstag Ruhetag, Tel. 0471 625142

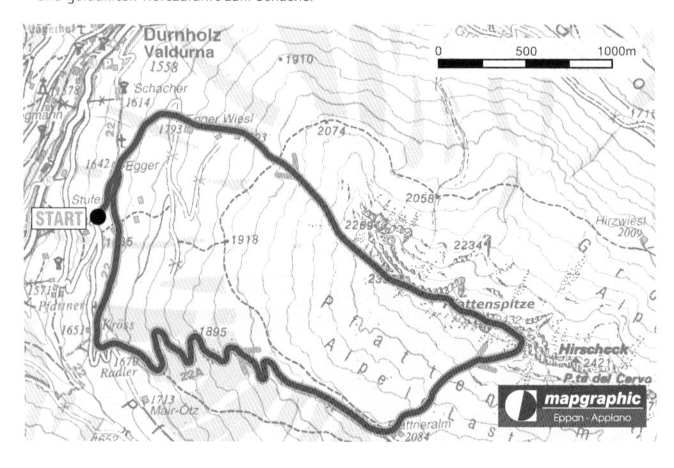

18 AUF DIE BICHLWALDALM

Die Schneeschuhwanderung auf die Bichlwaldalm im hintersten Sarntal zwischen Weißenbach und Pens führt an ein einsames romantisches Platzl; es liegt inmitten wunderbarer Zirbenwälder mit Bäumen, die eine bis zu tausendjährige Geschichte erzählen. Schneeschuhwanderer, die leise unterwegs sind, können hier mit etwas Glück Rehe beobachten, die sich im Winter gern bei einer Futterkrippe unterhalb der Alm aufhalten.

200 m außerhalb des Lochgütls gleich hinter der Bushaltestelle von Röthenberg führt unser Weg über die Brücke der Talfer und dann immer leicht aufwärts bis ins Farnbachtal hinein. Wir gehen entlang des Bachs über einen steileren Weg aufwärts bis zur Kreuzung, dort links an der Wildfütterung vorbei, auf ebener Waldfläche weiter links durch den Wald bis zur im Winter geschlossenen Bichlwaldalm. Unter dem großen Vordach ist auch bei stürmischer Witterung eine Jausenrast möglich. In den Wäldern rund um die Alm stehen einige Urzirben, die teilweise sogar über tausend Jahre alt sind. Den Abstieg nehmen wir über die Aufstiegsroute oder über den wesentlich längeren, dafür bequemeren Forstweg.

☞ Konditionsstarke verlängern die Tour über das Zirbeneck auf die Karnspitze, wo sie mit einem herrlichen Rundblick in die Sarner Berge belohnt werden. Von der Bichlwaldalm, sich immer leicht links haltend, durch teils steilere Waldstufen bis zur Waldgrenze und zum 2113 m hohen Zirbeneck. Von dort über die Almböden, sich immer am höchsten Punkt haltend, bis zum Vorgipfel der 2412 m hohen Karnspitze.

IN KÜRZE

⌛ 2½ Stunden

↦ ca. 6 km

400 Höhenmeter

leichte Tour

Variante: mit Vorgipfel der Karnspitze 5 Stunden

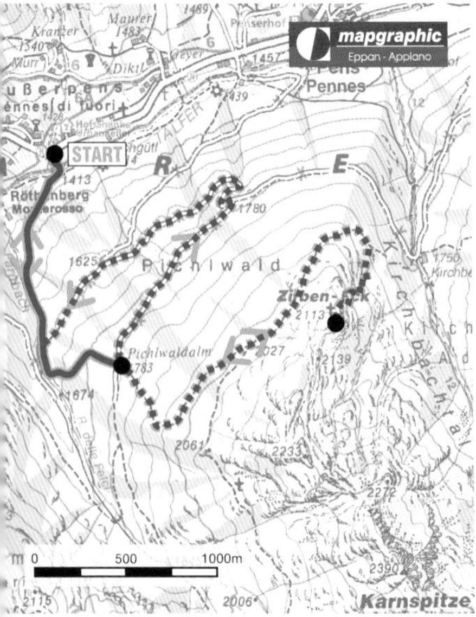

Mit dem Auto von Weißenbach im Sarntal ca. 2 km bis Außerpens (Röthenberg); kleiner Parkplatz in einer starken Linkskurve nach einer kleinen Brücke; von dort hinunter zur Brücke über die Talfer

Mapgraphic-Wanderkarte 31 (1:25.000)

Hotel Pension Murrerhof in Weißenbach: Gutbürgerliche Küche; besonders zu empfehlen sind die Fleischspeisen mit Fleisch vom eigenen Bauernhof, Tel. 0471 627121, www.murrerhof.com

19 AUF DEN GANTKOFEL

Die gewaltige Felsbarriere des Mendelkamms bildet im Südwesten Südtirols die Grenze zum Trentino. Den von der Südtiroler Seite unnahbaren Gipfel des Gantkofel, eines der schönsten Aussichtsberge des Landes, kann man von der Trentiner Seite her bequem erwandern.

Der Mendelkamm mit seinen teilweise über 2000 m hohen Gipfeln fällt im Westen sanft in Wiesen und Wäldern zum Nonsberg hin ab. Eine seiner markantesten Erhebungen ist der Gantkofel mit 1865 m. Die Wanderung zu diesem einmaligen Aussichtsberg beginnt auf den Wiesen von Regole bei den Ausflugsgasthäusern Rifugio Regole und Falchetto (1320 m). Das Gebiet ist bei Langläufern und Wanderern sehr beliebt. Der für den Verkehr gesperrte Forstweg ist mit 514 markiert. Er führt kaum merklich steigend in nordöstliche Richtung, durch schönen Mischwald mit mächtigen Weißtannen, Fichten und Lärchen, auf den Gantkofel (ital. Macaion) zu. Der promenadenartige Weg verläuft am Rand einer Hochfläche, gegen Westen blicken wir ins obere Val di Non, auf Deutsch Nonsberg. Nach rund 1½ Stunden erreichen wir einen Wiesenboden mit einer verfallenen Almhütte, die den hochtrabenden Namen Baita del Prinz führt (1530 m, Quelle, Wasserstelle in der Nähe). Ab hier wird der Weg schmaler, um später – nach Überwindung einiger etwas steilerer Wegstellen – nur mehr als Steig weiterzuführen; er ist jetzt mit 512 markiert. Kurz vor dem Gipfel erhaschen wir durch eine Scharte einen ersten Blick ins Südtiroler Überetsch; kurz danach stehen wir auf dem flachen Gipfelplateau (1865 m). Vorsicht: Nach Osten fallen die Felswände über 1000 m senkrecht in die Tiefe! Die Aussicht ist wahrlich atemberaubend, es gibt nicht viele Berge, die solche Panoramablicke bieten.

Einziger Wermutstropfen ist die hässliche kuppelartige Antennenanlage in der Nähe. Zurück auf der Aufstiegsspur.

☞ Wer die herrliche Aussicht länger genießen will, wandert auf dem Rückweg bei guter Schneelage kurz nach dem Gipfel etwa 20 Minuten auf dem Kamm bis zur Kemat-Scharte (1700 m). Hier trifft man wieder auf den Weg 512, der zu den Wiesen von Regole zurückführt.

IN KÜRZE

⌛ Aufstieg ca. 3 Stunden, Abstieg ca. 2½ Stunden

⊢→ 17 km

ca. 400 Höhenmeter

leichte, aber lange Tour, selbst bei hoher Schneelage sind die an den Bäumen angebrachten Markierungen und Schilder gut zu erkennen

Vom Mendelpass Richtung Fondo; vor der Ortschaft Malosco zweigt rechts eine beschilderte, schmale Teerstraße zum Rifugio Regole und Rifugio Falchetto ab; Parkplatz reichlich vorhanden

Mapgraphic-Wanderkarte 8 (1:25.000)

🍴 **Rifugio Ristorante Regole:** Trentiner Hausmannskost, durchgehend warme Küche, ganzjährig geöffnet, Tel. 0463 870114

Rifugio Falchetto: Das in der Nähe gelegene Haus wetteifert mit dem Rifugio Regole um die Gunst der Gäste; kein Ruhetag, Tel. 0463 870188

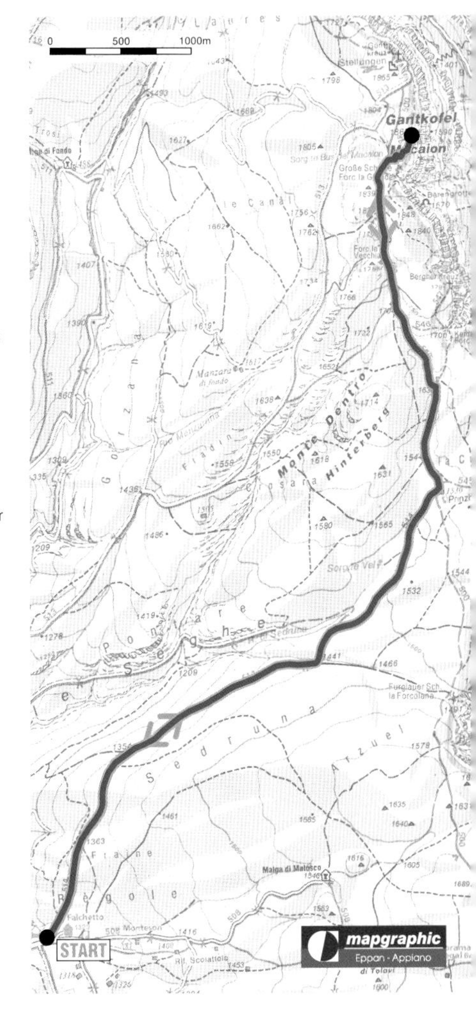

20 AUF DEN PENEGAL

Mit geringer Mühe auf einen Prachtgipfel! Die Mendel ist ein dankbares Schneeschuhwanderziel, stadtnah, leicht erreichbar, frei und sonnig. Die Wanderung auf den Penegal ist die ideale Einsteigertour, leicht und sicher.

Ausgangspunkt ist der Parkplatz beim Albergo Paradiso (Winterruhe) an der Mendelstraße, kurz hinter dem Pass. Am Waldrand hinter dem einfachen Hotel beginnt ein breiter Waldweg (Markierung zuerst 515, dann 514), der nordwärts zu den Wiesen der Regole führt. Die Abzweigung nach wenigen Gehminuten Richtung Mendel beachten wir nicht und gehen geradeaus eben weiter. Bei den Regole-Wiesen würden uns gleich zwei Wirtshäuser zu einer Rast einladen. Jetzt beginnt der breite Weg (Nr. 508) zu steigen, am Hotel Falchetto entlang geht es gemächlich aufwärts durch schütteren Wald, inmitten von Lärchenwiesen sind wir nach 45 Minuten Gehzeit ab Regole bei der Malga Malosco (Winterruhe) auf 1546 m angelangt. Vor dem Haus laden Tisch und Bank zu einer Teepause ein. Noch 180 Höhenmeter auf schönem Steig über Lärchenwiesen und wir sind am Ziel, dem Penegal (1737 m). Neben der Antennenanlage steht das moderne gleichnamige Berghotel (Winterruhe), ein kleiner alter Aussichtsturm will noch bestiegen werden. Der Rundblick ist wahrhaft königlich.
Für den Rückweg gehen wir ein Stück über die Lärchenwiesen zurück, hier standen einst zwei kleine Skilifte, die Trasse ist noch gut zu erkennen. Kurz vor der Malga Malosco

biegen wir nach links ab und folgen einer rot-weißen Markierung südwestlicher Richtung durch eine kleine Senke, die uns nach 30 Minuten auf den Steig bringt (Nr. 515), der von der Mendel kommend wieder zum Ausgangspunkt am Gasthaus Paradiso zurückführt.

IN KÜRZE

- ca. 4 Stunden
- 12 km
- ca. 420 Höhenmeter
- leichte Tour
- Vom Mendelpass 1,5 km weiter in Richtung Fondo bis zum Hotel Albergo Paradiso an der rechten Straßenseite; hier Parkplatz
- Mapgraphic-Wanderkarte 8 (1:25.000)

Rifugio Ristorante Regole: Trentiner Hausmannskost, durchgehend warme Küche, ganzjährig geöffnet, Tel. 0463 870114

Rifugio Falchetto: Das große Haus mit Sonnenterrasse wetteifert mit dem Rifugio Regole um die Gunst der Gäste; kein Ruhetag, Tel. 0463 870188

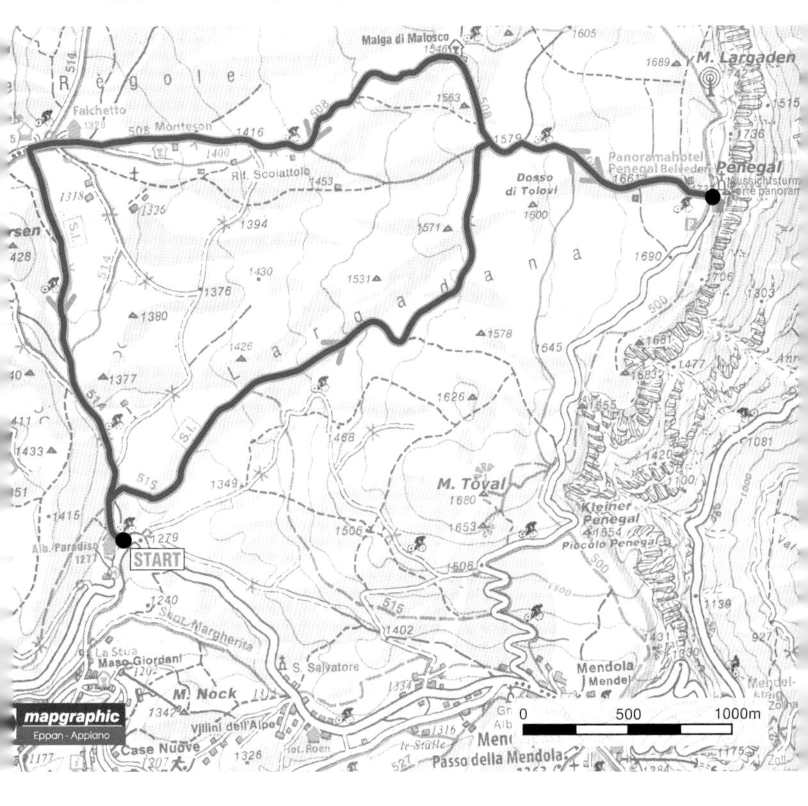

21 AUF DEN ROEN

Der Roen ist mit 2116 m die höchste Erhebung des Mendelkamms. Nach Osten fällt der Berg bedrohlich steil und felsig ab. Vom Mendelpass kann man ihn über einen zwar langen, aber harmlosen Weg erwandern. Auf dem Gipfel erwartet Sie einer der schönsten Panorama-Rundblicke Südtirols.

Wir starten direkt am Mendelpass (1363 m) und folgen dem rot-weiß markierten Weg 500 in südliche Richtung. Der Weg schlängelt sich den Kamm entlang, es geht immer leicht bergan durch Mischwald mit mächtigen Buchen, Tannen, Fichten und Lärchen bis zur Enzianhütte (1409 m, im Winter geschlossen). Dann queren wir eine Sessellift-Anlage und die Skipiste und erreichen schließlich die auch im Winter bewirtschaftete Halbweghütte (1650 m). Bis hierher vom Mendelpass etwa 1¼ Stunden. Der Name der Hütte ist irreführend, wir haben nicht die Hälfte des Wegs zum Gipfel, sondern erst die Hälfte der Strecke zur nächsten Alm, der Malga Romeno, zurückgelegt. In einer weiteren guten Stunde erreichen wir die Almhütten und die kleine Kapelle der Malga Romeno (1768 m, im Winter geschlossen). Jetzt geht es nochmals kräftig bergauf, nach 45 Minuten stehen wir auf der baumlosen Gipfelkuppe mit einer kleinen Marienstatue und einer Metallstele. Vorsicht, die Felsen fallen zum Etschtal hin senkrecht ab! Das Panorama ist atemberaubend, der Roen wetteifert mit dem Gantkofel und dem Rittner Horn um den Spitzenplatz unter den Aussichtswarten Südtirols. Rückweg wie Aufstiegsroute.

☞ Der Aufstieg lässt sich um 1 Stunde und 200 Höhenmeter abkürzen, wenn man mit dem Sessellift von den Golfwiesen (vom Mendelpass auf guter Teerstraße zu erreichen) zur Halbweghütte fährt. Der Lift geht nicht regelmäßig, Informationen zu Abfahrtszeiten unter Tel. 0463 870188.

👁 Von Kaltern/St. Anton fährt eine Standseilbahn auf den Mendelpass. Die Bahn wurde im fernen Jahr 1903 errichtet und überwindet 837 Höhenmeter bei einer Steigung von bis zu 60 %. Fast wie mit einem Aufzug geht es in luftige Höhen. Tel. 0471 962610.

IN KÜRZE

⌛ Aufstieg 3–3½ Stunden, Abstieg 3 Stunden

↦ 16,5 km

ca. 750 Höhenmeter

lange, aber leichte Tour

🚗 Vom Überetsch auf der Mendelstraße zum Mendelpass

Mapgraphic-Wanderkarte 8 (1:25.000)

🍴 **Halbweghütte:** Gemütliches Ausflugslokal mit zahlreichen Teesorten im Angebot, Mittwoch Ruhetag, Tel. 0471 632221

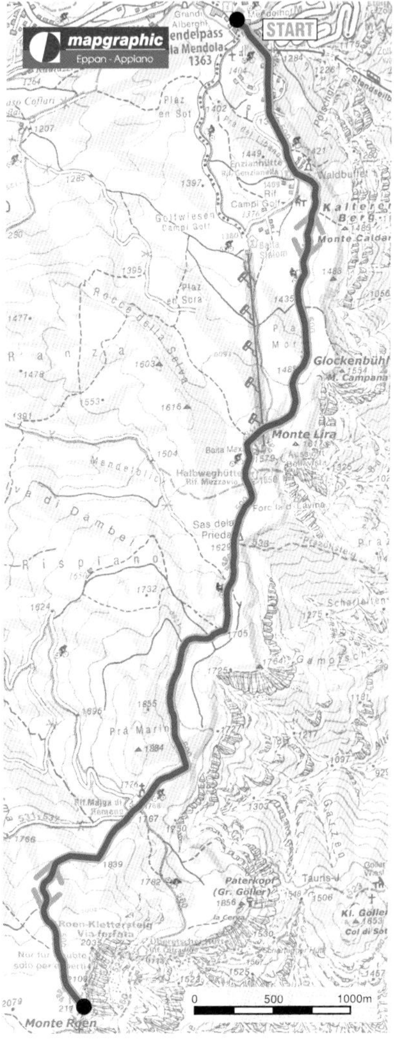

22 WEISSENSTEINER ALMENRUNDE

Hoch über dem Etschtal liegt auf einem Höhenrücken zu Füßen von Latemar und Weißhorn Maria Weißenstein, einer der bedeutendsten Wallfahrtsorte im Alpenraum, den jährlich Tausende Pilger besuchen. Nur wenige Minuten vom eindrucksvollen Kirchen- und Klosterbau entfernt, sind wir auf diesem Rundweg als Wanderer in stiller Winterlandschaft unterwegs.

Vom Parkplatz in Maria Weißenstein (1520 m) nehmen wir den breiten Weg (Markierung S9) nach Südwesten, der über Wiesen- und Waldgelände hinauf zur Pichlwiese (1660 m) führt. Dort überqueren wir eine Forststraße, auf der eine Langlaufloipe gespurt ist, und wandern auf dem mit S markierten Weg nach Südwesten zur Schönrastalm (1690 m). Von dort – immer entlang der Markierung S weiter Richtung Südwesten – geht's fast eben zur Schmiederalm (1680 m). Gehzeit bis hierher 1¼ Stunden. Nun auf der Straße bergab, bald links weg und auf einem Waldweg (Markierung G) zu einer Forststraße. Teils auf der Straße, teils auf einem Waldweg, folgen wir der Markierung G in südöstliche Richtung und erreichen schließlich die Lahneralm (1583 m, Winterruhe). Dort nehmen wir den Weg Nr. 3 und steigen nordwärts ca. 100 Höhenmeter zu einer Forststraße auf. Auf dieser geradeaus weiter bis zum Kösersattel auf 1696 m, dem höchsten Punkt der Tour. Jetzt auf der Forststraße nach links Richtung Nordwesten (Europäischer Fernwanderweg E5). Die Wanderung verläuft parallel zur Langlaufloipe Lavazèjoch–Weißenstein. Es geht leicht abwärts, vorwiegend durch Wald, wieder zur Pichlwiese zurück (Gehzeit von der Schmiederalm bis hierher ca. 1 Stunde 30 Minuten). Immer wieder eröffnen sich Ausblicke zum Weißhorn und zum Rosengarten. Von der Pichlwiese nach rechts und auf bekanntem Weg zurück nach Maria Weißenstein.

Für eine etwas längere Tour schwenken wir am Kösersattel anstatt nach links nach rechts und wandern auf der Forststraße (Markierung 9; Langlaufloipe Lavazèjoch–Weißenstein) in einer knappen Stunde bis Neuhütt (1791 m). Dort verlassen wir den Forstweg, biegen links ab (Markierung 2) und steigen gemächlich hinunter zur Jausenstation Petersberger Leger (1529 m). Von dort auf der Forststraße, der Markierung 2 folgend, zurück nach Weißenstein. 522 m Höhenunterschied; insgesamt 5 Stunden Gehzeit.

IN KÜRZE

3½ Stunden

8 km

370 Höhenmeter

leichte Rundwanderung

Variante: 5 Stunden Gehzeit, 12 km, 522 Höhenmeter

Über Deutschnofen oder Aldein bis zum Parkplatz bei der Wallfahrtskirche Maria Weißenstein

Mapgraphic-Wanderkarte 13 (1:25.000) oder 26 (1:25.000)

Gasthof Weißenstein: Großes, nüchternes, effizientes Selbstbedienungsrestaurant neben der Wallfahrtskirche, kein Ruhetag, Tel. 0471 615124

Schmiederalm: Beliebtes Ausflugsziel, lokale Gerichte, Donnerstag Ruhetag, Tel. 0471 886810

Petersberger Leger: Neue rustikale Alm an einem romantischen Plätzchen, im Winter an den Wochenenden geöffnet, Tel. 338 6870747

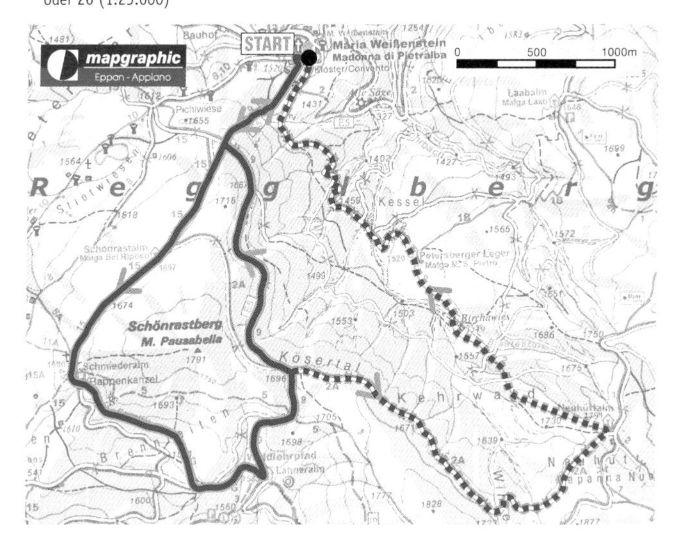

23 AUF DEN ZANGGEN

Der zerklüfteten Latemargruppe ist im Südwesten ein dunkler Bergrücken, der 2488 m hohe Zanggen, vorgelagert. Im Süden fällt er bedrohlich steil ab, von Norden ist der aussichtsreiche Porphyrbuckel problemlos zu besteigen.

Ausgangspunkt ist der Parkplatz am Lavazèjoch auf 1825 m, ein Übergang zwischen Eggental und Fleimstal und ein Zentrum des Langlaufsports. Von dort ca. 200 m auf der Straße Richtung Bozen, bis rechts beim Schild „Passo Pampeago" der Weg Nr. 9 abzweigt. Wir wandern eben – zuerst über eine Wiese, dann auf einem schmalen Weg – durch einen prächtigen Hochwald Richtung Osten, immer der Markierung Nr. 9 nach. Die Wanderung verläuft unterhalb der Nordhänge des Zanggen. Nach einem Stück mit leichter Steigung wird der Weg allmählich schmaler und quert bald, leicht abwärts verlaufend, einen Waldhang. Immer wieder leuchten die Zacken des Latemar zwischen den hohen Baumstämmen hindurch. Nach gut 1 Stunde Gehzeit beginnt ein ca. 15 Minuten langer Anstieg (immer auf Weg 9; das letzte Stück verläuft am Rand der Skipiste) und wir erreichen das Reiterjoch (1996 m) im Skigebiet Obereggen/Pampeago. Am Reiterjoch nach rechts, durch den Zirbelwald bis zur Skipiste, die vom Zanggen herunterführt. Auf der rechten Seite der Skipiste steigen wir am Waldrand empor. Nach Überwinden einer Steilstufe gelangen wir auf den bald wieder flacher werdenden, nun baumlosen Gipfelhang. Am Ende des Skilifts angelangt, erreichen wir (indem wir uns immer

leicht rechts halten) in 20 Minuten das hölzerne Gipfelkreuz (2488 m) mit Gipfelbuch. Gehzeit ab Reiterjoch 1½ Stunden. Auf dem Zanggen werden wir mit einer grandiosen Aussicht auf die nahen und fernen Dolomiten bis zum Alpenhauptkamm belohnt: im Süden des Fleimstals die pyramidenförmigen Gipfel der Lagoraikette, im Westen die Brenta- und Adamellogruppe, dahinter das Ortlermassiv, davor und dazwischen der Mendelkamm, im Norden die Sarntaler Alpen und der Schlern und dahinter die vergletscherten Gipfel der Ötztaler und Stubaier Alpen. Wagen Sie sich nicht zu weit auf den Grat hinaus, der Zanggen fällt gegen Süden steil ab und es können sich Wechten bilden!
Für den Rückweg nehmen wir die Aufstiegsspur. Wer sich noch eine Einkehr gönnen will, macht einen Abstecher zur Ganischgeralm (2010 m) an der Bergstation des von Pampeago heraufkommenden Lifts. Dazu biegen wir beim Reiterjoch rechts (Richtung Südosten) ab und gehen in ca. 15 Minuten eben auf einem Wanderweg zu der von Skifahrern gern besuchten Hütte.

IN KÜRZE

⌛ 5 Stunden

⟼ 15 km

850 Höhenmeter

mittlere, lange Tour

Durch das Eggental (oder über Cavalese und Val di Gambis) bis zum Lavazèjoch; Parkplatz direkt am Joch

Mapgraphic-Wanderkarte 9 (1:25.000) oder 26 (1:25.000)

Ganischgeralm: Im Skigebiet Pampeago auf 2010 m, kein Ruhetag, Tel. 0462 814600

Zischgalm: Neben der Ganischgeralm, kein Ruhetag, Tel. 0462 813600

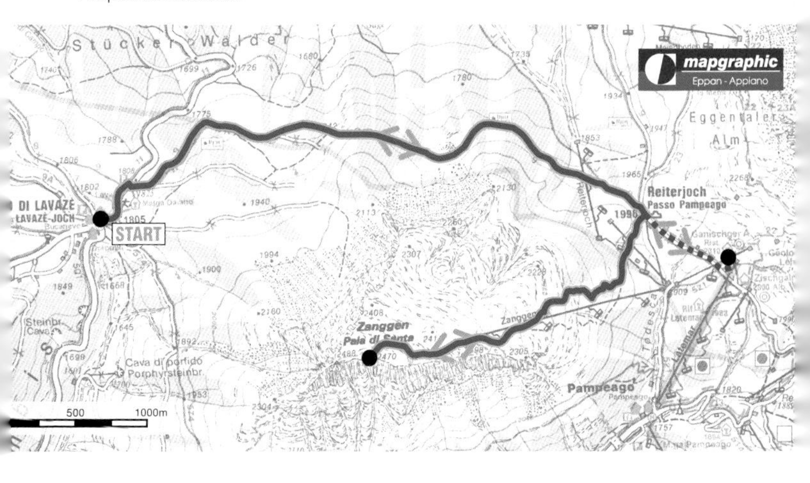

24 AM NIGERPASS: LEICHTE TOUR VOR TRAUMKULISSE

Am Fuße des Rosengartens verbindet eine Passstraße das Skigebiet um den Karerpass mit dem Tiersertal. Die Almwiesen unterhalb der Felswände des Rosengartenmassivs sind unser Ziel, das sich aufgrund der geringen Anstiege und langen, aussichtsreichen sanften Abstiege besonders für Einsteiger lohnt.

Wir empfehlen den Beginn der Tour vom Tiersertal aus. Bei der Gastwirtschaft am Nigerpass (Winterruhe) wandern wir auf der Rodelbahn zur Messner-Alm, Markierung (Nr. 1) und Schilder weisen uns den Weg. Nach einer Dreiviertelstunde erreichen wir den Rand einer Skipiste. Der Weg führt am Pistenrand zur Messner-Alm hinauf, wo wir auf der Sonnenterrasse einen tollen Ausblick zum Latemar und auf den Bozner Talkessel genießen und uns die hausgemachten Tiroler Spezialitäten schmecken lassen. Wenige Meter vor der Alm biegt unser Steig in den Wald ein, folgt einem Drahtzaun und geht abwärts zu einem Bachgraben. Bei einer beschilderten Quelle (Baumannschwaige/Nigerquelle) in Sichtweite der Baumannschwaige, einer im Winter geschlossenen Almhütte, folgen wir den Schildern zur Haniger Schwaige (Markierung Nr. 7). Nach einem kurzen Anstieg durch den Wald eben über herrliche freie Hänge, immer mit prachtvoller Aussicht, an einer runden, seltsam geformten Sitzbank vorbei (der Ort heißt „Tumml") und zuletzt kurz abwärts zur Haniger Schwaige, einer urigen und gemütlichen Almhütte, Gehzeit ab Quelle ca. 1 Stunde. Nun folgen wir der Markierung 10 abwärts nach Tiers, teils auf Steigen, teils auf Forstwegen. Bei einer Weggabelung halten wir uns rechts und gehen auf das Gasthaus Plafetsch (Winterruhe) zu. Weiter geht's auf dem Weg Nr. 7, nach etwa 30 Minuten Gehzeit ab Plafetsch verlassen wir den markierten Weg, biegen auf einen Forstweg rechts ab und gehen weglos (es finden sich immer Schneeschuhspuren, leichte Orientierung) über die freien, sonnigen Wiesen auf das gut sichtbare Hotel Cyprianerhof an der Nigerstraße zu. Hier haben wir einen zweiten Wagen geparkt oder wir nehmen den regelmäßig verkehrenden Bus zum Ausgangspunkt zurück.

IN KÜRZE

4–5 Stunden

12 km

ca. 400 Höhenmeter im Anstieg, 1050 m im Abstieg

leichte Tour, wenig Aufstieg, langer angenehmer Abstieg

Von Tiers in Richtung Nigerpass bis zum Hotel Cyprianerhof; hier Parkplatz; weiter mit dem Skibus (Abfahrt 9 Uhr und 10 Uhr) bis zur Haltestelle Nigerhütte kurz unterhalb des Passes

Mapgraphic-Wanderkarte 11 (1:25.000)

Messner-Alm: Gemütliche neue Hütte an der Skipiste, gute Hausmannskost, Tel. 340 4734652

Haniger Schwaige: Urige Almhütte, im Winter über Weihnachten und an den Wochenenden bis Ostern geöffnet, Tel. 348 2463394

Wanderhotel Cyprianerhof: Komfortables Berghotel, auf Schneeschuhwanderer eingestellt, kein Ruhetag, Tel. 0471 642143, www.cyprianerhof.com

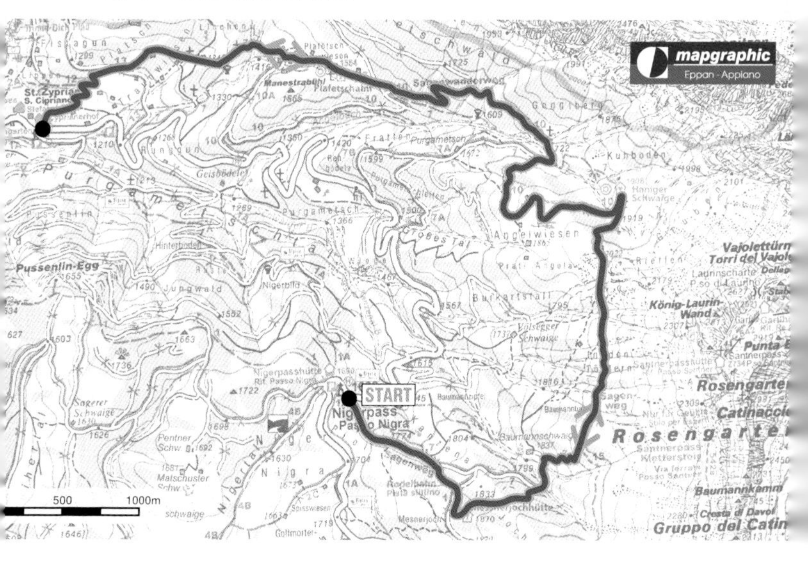

25 AUF DIE HANIGER SCHWAIGE AM FUSSE DES ROSENGARTENS

Der Rosengarten, Inbegriff bizarrer Dolomitenberge und ein Symbol Südtirols, ragt hinter dem Dörfchen Tiers in den Himmel. Oberhalb des Waldgürtels, zu Füßen der Laurinswand und der schlanken Vajolet-Türme, liegt die Haniger Schwaige, das Ziel unseres Ausflugs.

An der Straße von Tiers zum Nigerpass, bei Purgametsch auf 1530 m, biegt in einer Rechtskehre eine mit einer Schranke versperrte Forststraße ab. Wir folgen dieser (Markierung 7A, „Haniger Schwaige") bis zu einem Bachgrund, wo eine alte Almhütte steht. Hier steigen wir aus dem Wald heraus und gehen steil über die mit einzelnen Zirbelkiefern und Lärchen bestandenen Angel-Wiesen auf die Geländeschulter zu, die sich von den Rosengartenwänden herabzieht. Die Felsen der Laurinswand steigen neben uns rund 1000 m in die Höhe und die Aussicht hier oben ist grandios: im Westen im Dunst die Stadt Bozen, dahinter die Mendel und in der Ferne die Ortlergruppe. Der Weg führt weiter zur Haniger Schwaige (1908 m), die geschützt in einer Mulde liegt und im Winter an Wochenenden geöffnet ist. Nun folgen wir der Markierung 10 abwärts nach Tiers, der Weg senkt sich teils auf Steigen, teils auf Forstwegen. Bei einer Weggabelung halten wir uns rechts und gehen auf das Gasthaus Plafetsch (Winterruhe) zu. Weiter geht's auf dem Weg Nr. 7, nach etwa 30 Minuten Gehzeit ab Plafetsch verlassen wir den markierten Weg, biegen auf einen Forstweg rechts ab und gehen weglos (es finden sich immer Schneeschuhspuren, leichte Orientierung) über die freien, sonnigen Wiesen auf das gut sichtbare Hotel Cyprianerhof an der Nigerstraße zu. Hier haben wir einen zweiten Wagen geparkt oder wir nehmen den regelmäßig verkehrenden Bus zum Ausgangspunkt zurück.

☞ Vom Cyprianerhof fährt der erste Skibus um 9 Uhr nach Purgametsch. Zurück zum Cyprianerhof auf dem mit einer 7 und einem Schneeschuhsymbol markierten Weg über Plafetsch (oder Plafötsch). Schilder und Symbole weisen die Route als Schneeschuhwanderweg aus; sie geht durch sicheres Gelände. Ein Motorschlitten spurt Teile der Strecke. Vom Begehen der vielen Sommerwege wird abgeraten, das Gelände ist teilweise steil und führt über freie, lawinengefährliche Hänge!

IN KÜRZE

⌛ 4–5 Stunden

↦ 8,5 km

ca. 480 Höhenmeter im Anstieg, 860 im Abstieg

leichte Tour, wenig Aufstieg, langer angenehmer Abstieg

Von Tiers in Richtung Nigerpass bis zum Hotel Cyprianerhof; hier Parkplatz; Skibus während der Wintersaison täglich im Halbstunden-Takt von Tiers zum Skigebiet am Karerpass; Haltestelle Purgametsch auf 1530 m in einer Kehre

Mapgraphic-Wanderkarte 11 (1:25.000)

Haniger Schwaige: Urige Almhütte, im Winter über Weihnachten und an den Wochenenden bis Ostern geöffnet, Tel. 348 2463394

Wanderhotel Cyprianerhof: Komfortables Berghotel, auf Schneeschuhwanderer eingestellt, kein Ruhetag, Tel. 0471 642143, www.cyprianerhof.com

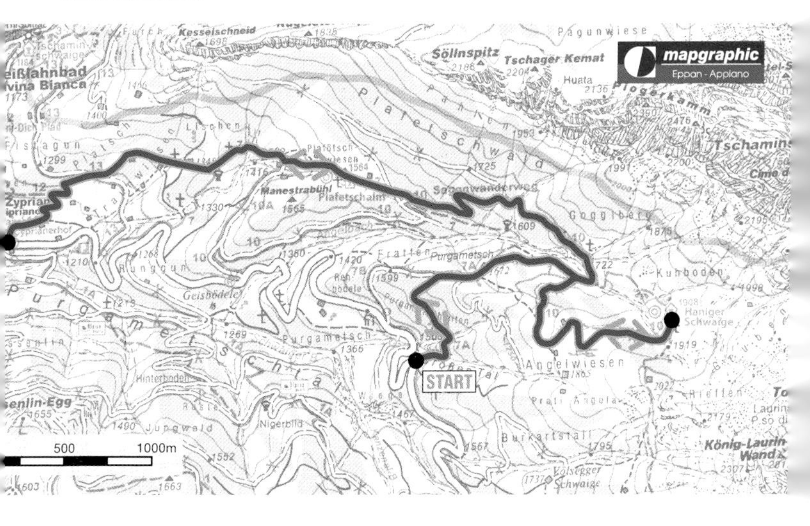

26 ZUM WOLFSGRUBENJOCH UND NIGERPASS

Das Tierser- und Eggental sind durch einen waldreichen Bergrücken voneinander getrennt. Ein einsamer Weg führt uns zum Wolfsgrubenjoch am Taltbühel.

Vom Gasthof Edelweiß (1050 m) ca. 700 m auf dem Fahrweg hinunter in das vom Breibach eingeschnittene Tal (Schild „Sportplatz"), dann talauswärts bis zu einer Holzbrücke. Über die Brücke (Schild „Schneeschuhwanderweg", Nr. 5) auf die Zufahrtsstraße zum Zefallhof (1000 m). Von dort zuerst auf einer Forststraße, später auf einem Waldweg (Nr. 5) stetig steigend hinauf auf den Taltbühel (1500 m). Dort stoßen wir auf die Wolfsgrube (beschildert) – um 1822 soll hier der letzte Wolf in die Falle gegangen sein. Gehzeit bis hierher 2½ Stunden. Von der Wolfsgrube auf einem Forstweg (Nr. 1) den Waldrücken entlang zum Schillerhof (1550 m) auf der Zischgalm. Weiter auf dem Forstweg meist eben in ca. 1½ Stunden zur Nigerhütte (1690 m) am Nigerpass. Von dort entweder mit dem Skibus zurück zum Ausgangspunkt oder auf der Rodelbahn hinunter zum Cyprianerhof und von dort parallel zur Fahrstraße etwas unterhalb auf Weg Nr. 2 zurück zum Ausgangspunkt beim Gasthaus Edelweiß.

Noch vor 200 Jahren gab es in den umliegenden Wäldern Wölfe. Angeblich hat man 1822 in der 4 m tiefen, gemauerten Wolfsgrube den letzten Wolf gefangen. Dazu wurde in die Grube ein lebender Köder, zum Beispiel ein Schaf, gegeben und die Fanggrube mit Reisig überdeckt. Durch die Laute des Tiers in der Grube angelockt, stürzte der Wolf hinein und konnte dann getötet werden.

IN KÜRZE

⌛ 4–5 Stunden

↦ 10,5 km

900 Höhenmeter

mittlere Tour

Von Tiers zum Gasthof Edelweiß an der Straße nach St. Zyprian; Parkmöglichkeit entlang der Straße hinunter zu den Sportplätzen

Mapgraphic-Wanderkarte 54 (1:50.000) oder 629 (1:25.000)

Cyprianerhof: Auf Schneeschuhwanderer spezialisiertes Hotel in St. Zyprian, kein Ruhetag, Tel. 0471 642143, www.cyprianerhof.com

Gasthof Edelweiß: Sonnenterrasse, auf Schneeschuhwanderer eingestellt, gutbürgerliche Küche, empfehlenswert das Knödeltris, Donnerstag Ruhetag, Tel. 0471 642145, www.gasthof-edelweiss.it

Schillerhof: Zünftige Jausenstation, kein Ruhetag, Tel. 340 4839853

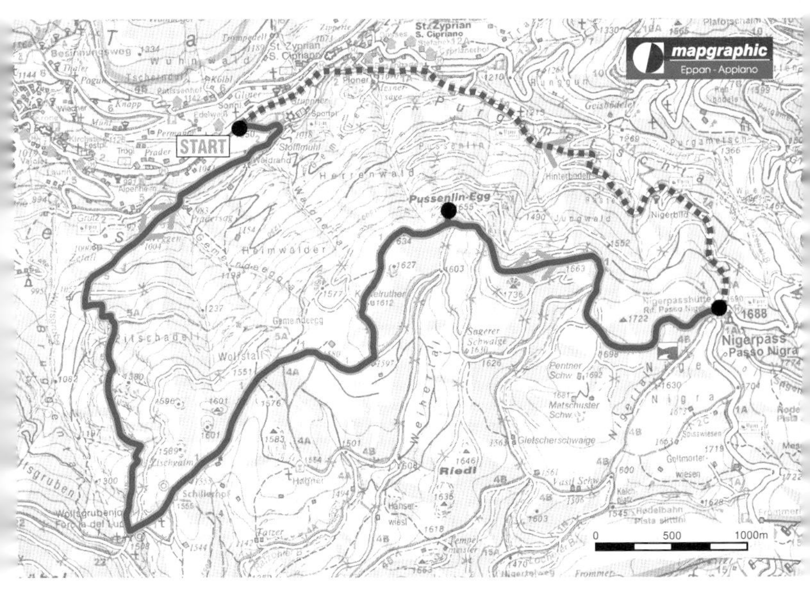

27 INS TSCHAMINTAL

Das Tschamintal ist wohl eines der prächtigsten und ursprünglichsten Dolomitentäler. Es zieht sich von Tiers hin zum Rosengartenmassiv und endet bei den bizarren Felszacken von Grasleitenturm, Kesselkogel und Molignon. Bereits 1974 wurde das Gebiet unter Naturschutz gestellt. Mit etwas Glück können wir in den Hängen zwischen den Felswänden Gämsen beobachten.

Hinter dem Hotel Cyprianerhof (1175 m) breiten sich die Dosswiesen aus. Über diese steigen wir in nordöstliche Richtung auf und stoßen nach wenigen hundert Metern auf einen Forstweg. Wir halten uns links und gelangen auf dem Forstweg zum „Schwarzen Lettn", einer ausgezeichneten Wasserquelle. Probieren! Nun wird der Weg etwas schmaler, führt über eine Holzbrücke und langsam ansteigend weiter hinein ins immer enger werdende Tal bis zu einer Almhütte, dem sogenannten „Ersten Leger" (1449 m). Gehzeit bis hierher 1½ Stunden; gerade recht, um sich zum ersten Mal hinzusetzen und zu stärken! Ausgeruht geht's weiter auf dem Weg, über eine weitere Brücke, bis zu den Tschaminquellen. Auf wenigen Metern quillt hier überall Wasser aus dem Berg und wird zu einem (auch im Winter) sprudelnden

Gebirgsbach. Dahinter ist das Bachbett meist ausgetrocknet. Wir folgen dem Weg noch ca. 30 Minuten taleinwärts und erreichen schließlich die Almhütte „Rechter Leger" (1603 m), ein schöner Aussichtspunkt hinauf auf die Grasleitentürme, zu den Felswänden des Schlernmassivs und zu den Tschaminspitzen. Gleicher Rückweg.

IN KÜRZE

⌛ 4½ Stunden

↦ 10 km

550 Höhenmeter

leichte Tour

Von Tiers in Richtung Nigerpass bis zum Hotel Cyprianerhof an der Nigerstraße

Mapgraphic-Wanderkarte 11 (1:25.000)

Wanderhotel Cyprianerhof: Beliebter Treffpunkt für Schneeschuhwanderer, empfehlenswert auch für Übernachtungen; Restaurant auch für Tagesgäste und Wanderer, Kinderspielplatz; der Wirt, Martin Damian, ist selbst begeisterter Schneeschuhwanderer und versorgt seine Gäste nicht nur mit Köstlichkeiten, sondern gibt auch Tipps für Ausflüge und bietet organisierte Wanderungen an; kein Ruhetag, Tel. 0471 642143, www.cyprianerhof.com

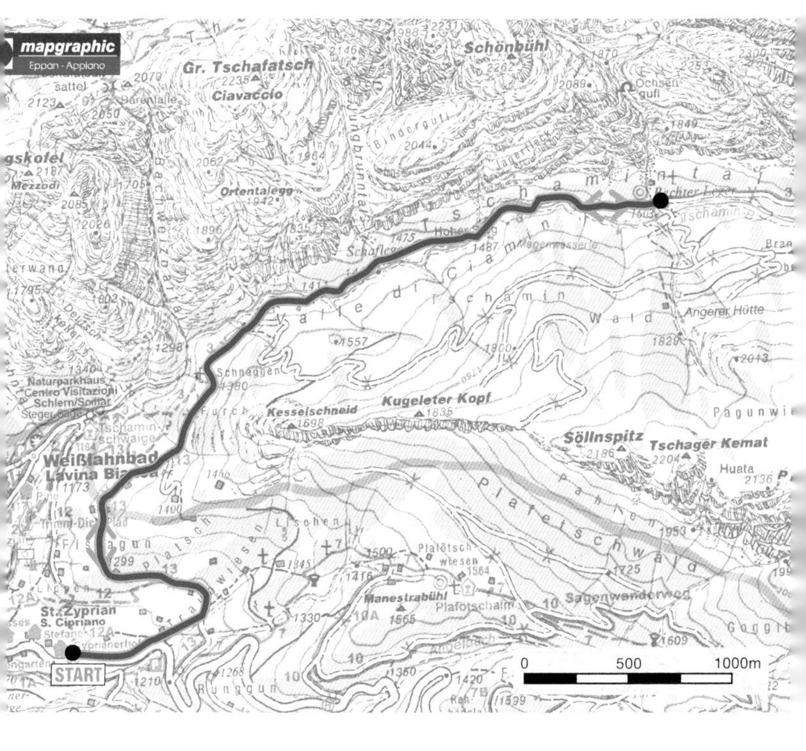

28 ZU DEN SEEN VON COLBRICON

Der Rollepass (1980 m) gilt als einer der schönsten Pässe der Welt. Das Landschaftsbild wird von weiten Almlandschaften und den über 3000 m hohen Felszacken der Palagruppe geprägt. Diese Wanderung führt vom Rollepass durch Wälder und Almen zu den Seen von Colbricon und weiter ins lebhafte Skigebiet von San Martino di Castrozza.

Ausgangspunkt ist das Hotel Venezia am Rollepass (1980 m). Hinter dem Hotel gehen wir am Pistenrand entlang hinunter zur Malga Rolle. Dort überqueren wir die Passstraße und nehmen den auf die Talstation des Tognazza-Lifts zuführenden Weg. Etwa 100 m vor dem Lift zweigt rechts ein Waldweg in südwestliche Richtung ab, rot-weiß mit 348/14 markiert. Er führt in leichtem Auf und Ab durch einen Wald aus Zirbelkiefern und Fichten in knapp 1 Stunde zu den zwei kleinen zugefrorenen Seen von Colbricon. Am östlichen Ufer des südlicheren Sees liegt das im Winter geschlossene Rifugio Laghi di Colbricon (1827 m). Die Bänke an der windgeschützten, sonnigen Südseite laden zu einer Teepause ein. Bei unsicheren Schneeverhältnissen ist es ratsam, auf dem gleichen Weg zum Rollepass zurückzuwandern. Bei guter Schneelage folgen wir dem Seeufer in nordwestliche Richtung (gehen also nicht auf dem Weg 348/14 bei der Hütte weiter, der wenig später sehr steile Hänge quert!). Wir steigen am nordwestlichen Ende des Sees über einen kleinen Sattel auf und treffen dahinter auf einen schmalen Weg, der am Fuße des 2602 m hohen Colbricon vorbeiführt. Wir nehmen kurz diesen Steig mit Markierung 10, der Richtung Süden (Tognola) führt, schwenken also nach links, verlassen den Steig bald schon wieder und steigen steil südwärts durch Erlenbüsche über eine Scharte in das Val Boneta ab. Am Talausgang treffen wir auf eine Skipiste, folgen dieser am östlichen Rand bis zu einem Forstweg, auf dem wir fast eben in den Wald eintreten. Er führt uns (später etwas steiler und über gut sichtbare Abkürzungen) zur asphaltierten Zufahrtsstraße zum Skigebiet rund um die Malga Ces (1670 m). Auf der Straße erreichen wir in 20 Minuten San Martino di Castrozza (1444 m). Von dort mit dem regelmäßig verkehrenden Shuttlebus zurück zum Rollepass.

IN KÜRZE

⌛ 3½ Stunden

↦ 7,2 km

kaum Höhenunterschied im Aufstieg, 600 Höhenmeter im Abstieg

leichte Tour

Den Rollepass erreichen wir von Predazzo im Fleimstal oder von Fiera di Primiero über San Martino di Castrozza; ab San Martino d. C. regelmäßig kostenloser Skibus auf den Pass

Kompass-Wanderkarte 76 (1:50.000) oder 622 (1:25.000)

Hotel Venezia: Bar- und Restaurantbetrieb, Trentiner Spezialitäten, Fünfuhrtee mit Kuchen, kein Ruhetag, Tel. 0439 68315, www.albergovenezia.it

Malga Ces: Bergrestaurant in nächster Nähe der Skipisten von Ces/San Martino di Castrozza, kein Ruhetag, Tel. 0439 68223, www.malgaces.it

ℹ Tourismusbüro San Martino d. C.: Tel. 0439 768867, www.sanmartino.com

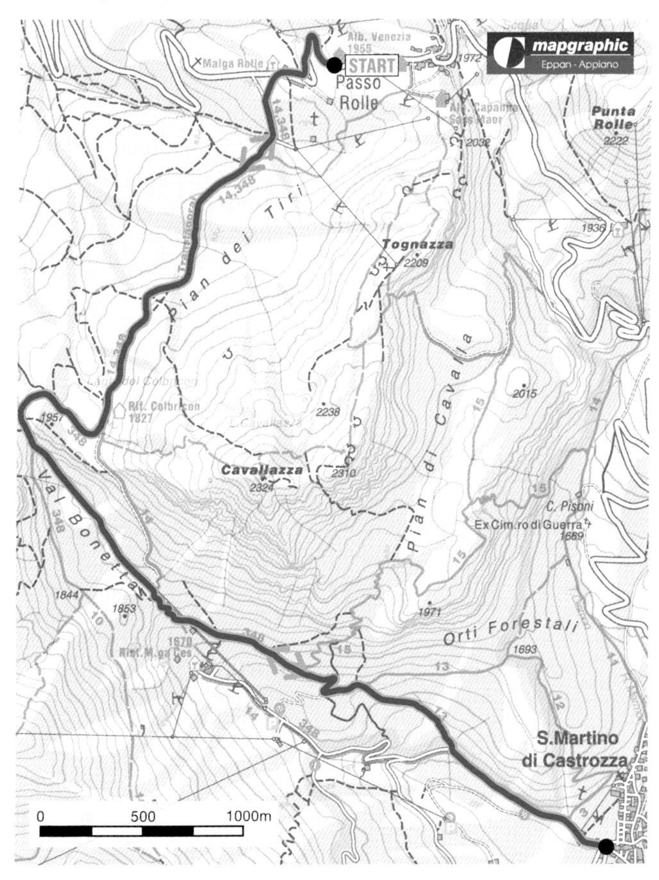

29 INS VAL VENEGIA

Am Fuße der über 3000 m hohen Dolomitentürme der Pale di San Martino, überragt vom mächtigen Gipfel des Mulaz und der schlanken Nadel des Cimon della Pala, liegt das Val Venegia, ein prächtiges Hochtal mit Wäldern und weiten Wiesen.

Ausgangspunkt ist der Rollepass (1980 m), ein Übergang vom Fleimstal ins Tal des Primiero. Von der Talstation des Sessellifts „Segantini" steigen wir an der Berghütte Capanna Cervino vorbei zur Baita Segantini (2174 m), wenig östlich der Bergstation des gleichnamigen Lifts. Die 200 Höhenmeter bis hierher sind in 45 Minuten geschafft. Nun folgen wir den Kehren der im Winter zugeschneiten Straße abwärts ins Val Venegia (Weg Nr. 710). Auch bei hoher Schneelage ist die Trasse der Straße gut auszunehmen. Bei der sogenannten Pian della Vezzana wird der Weg eben, bald darauf kommen wir an der Malga Venegiota (1830 m, Winterruhe) vorbei. Der Weg zieht sich jetzt am Talgrund bis zur Malga Venegia (1778 m) hin, einer sonnig gelegenen, auch im Winter geöffneten Almwirtschaft. Etwa 1½ Stunden bis hierher ab Baita Segantini. In weiteren 30 Minuten talauswärts gelangen wir bei Piano dei Casoni (1690 m) zu einer Brücke und in die Nähe der Autostraße zum Passo di Valles. Noch vor der Brücke biegen wir links ab, indem wir den Hinweisschildern zur Malga Juribello folgen. Der Steig führt durch Wald mäßig steil hinauf zu der im Winter geschlossenen Alm (1868 m), die idyllisch in einer weiten Waldlichtung steht. Über freies Gelände wandern wir auf dem leicht ansteigenden Sommerweg in südöstliche Richtung über verschneite Weiden, bis wir wieder auf die Aufstiegsspur auf dem von Raupenfahrzeugen gespurten Weg stoßen, der uns zum Rollepass zurückbringt. Gehzeit ab Piano dei Casoni 1½–2 Stunden.

Der Name Venegia erinnert an die einstigen Verbindungen zur Republik Venedig. Die Dogen-Stadt steht teilweise auf Lärchenstämmen aus den Wäldern der Gegend. Das Holz wurde auf dem Flussweg nach Venedig geliefert.

In der Nähe der Malga Venegiota steht an einer Brücke ein Blockhaus mit Strohdach, das in seinem Baustil nicht in diese Gegend passt. Es gehörte zum Set des Films „Mirka", der 1998 vom algerischen Regisseur Rachid Benhadj mit Gérard Depardieu und Vanessa Redgrave in den Hauptrollen gedreht wurde. Er handelt vom Krieg in Ex-Jugoslawien.

IN KÜRZE

5½ Stunden

13 km

550 Höhenmeter

lange, aber leichte Tour

Den Rollepass erreichen wir von Predazzo im Fleimstal oder von Fiera di Primiero über San Martino di Castrozza; ab San Martino d. C. regelmäßig kostenloser Skibus auf den Pass

Kompass-Wanderkarte 76 (1:50.000) oder 622 (1:25.000)

Malga Venegia: Almwirtschaft auf einem sonnigen Hang im Val Venegia, Käsespezialitäten aus eigener Erzeugung, typische Trentiner Gerichte, kein Ruhetag, Tel. 348 0627886

Tourismusbüro San Martino d. C.: Tel. 0439 768867, www.sanmartino.com

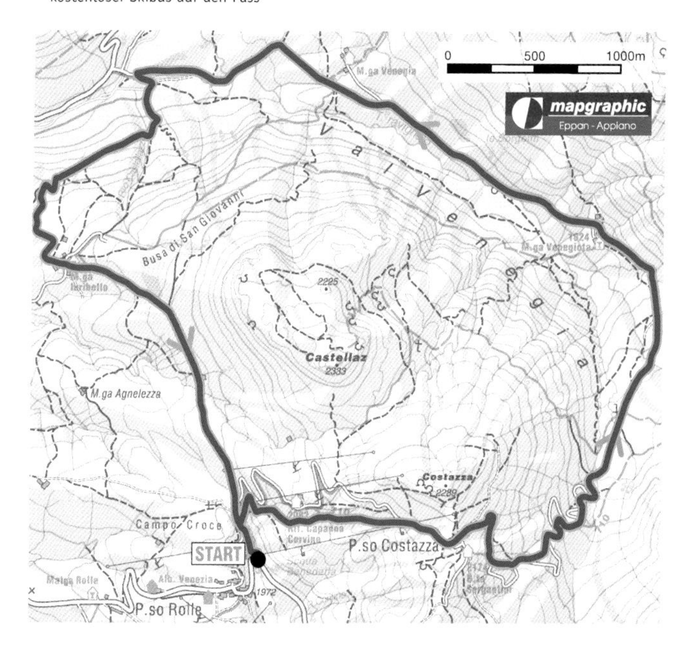

30 ZUR FORCA ROSSA

Zwischen der Marmolada, der Königin der Dolomiten, und dem San-Pellegrino-Pass erhebt sich ein mächtiger Gebirgsstock, der in der Cima d'Uomo 3010 m Höhe erreicht. Zu den Südostflanken dieses Gipfels hin zieht sich eine weite, sonnige Almlandschaft, in der unser Ziel, die Forca Rossa, liegt. Die Route ist aufgrund der geringen Steilheit auch als Skitour bei Anfängern beliebt.

Vom San-Pellegrino-Pass kommend, in Richtung Falcade, zweigt nach wenigen Kilometern links eine geteerte Straße ab, wir folgen den Hinweisschildern zum Rifugio Flora Alpina (1818 m), kurz vor der Hütte finden wir rechts der Straße einen Parkplatz. Wir steigen nicht zur Hütte ab, sondern nehmen den Waldweg, der bei einem hölzernen Torbogen mit der Aufschrift „Val Freida" beginnt und durch lichten Lärchenwald in nordöstlicher Richtung gemächlich bergauf geht. Skitourengeher und Schneeschuhwanderer haben meist bereits eine gut sichtbare Spur gezogen. Nach rund 20 Minuten treten wir aus dem Wald heraus und folgen der Zufahrt zu einer Reihe von Almhütten in der Valfredda, die den mit 694 markierten Weg säumen. Nach den Hütten verengt sich der Weg zum Steig. Am Ende der Valfredda liegt eine kleine Kapelle, dem seligen Piergiorgio Frassati geweiht (er lebte als engagierter Katholik Anfang des 20. Jh.). Wir überqueren das Bächlein auf einer kleinen Holzbrücke, steigen auf der östlichen Talseite auf und bleiben dabei immer auf dem Weg 694, der steiler werdend in eine weite Senke und nach einem Schlussanstieg auf die Forca Rossa (2490 m) führt, wo in einem seltsamen Holzhäuschen hinter einer Luke das Gipfelbuch steckt. Auf der Forca Rossa zeigt sich unmittelbar vor uns die Cima dell'Auta (2609 m), unter uns zieht sich das Valle di Franzedas zur Malga Ciapela hin, im Süden beherrscht die Palagruppe das Panorama.

Auf dem Rückweg steigen wir nicht mehr in die Valfredda ab, sondern folgen den Wegweisern zum Almdorf Fuciade (1982 m), wo sich nicht nur wegen der guten Küche eine Einkehr lohnt. Die kleine Siedlung auf dem ebenen Almboden mit den Holzhütten und dem Kirchlein, eingerahmt vom großartigen Amphitheater der Berge, gehört zu den schönsten Landschaftsbildern in den Dolomiten. 200 m westlich der Almhütte wandern wir entlang der Rodelbahn und dem Winterwanderweg zum Parkplatz hinunter.

IN KÜRZE

⌛ 4½ Stunden

↦ 9 km

680 Höhenmeter

mittlere Tour

2,5 km östlich des San-Pellegrino-Passes zweigt eine asphaltierte Straße zur Baita Flora Alpina ab; nach 1 km großer Parkplatz an der Straße

Mapgraphic-Wanderkarte 25 (1:25.000)

Malga Ristorante Fuciade: Ein wahrer Tempel der Köstlichkeiten in 1982 m Höhe; unbedingt einkehren und zumindest einen der herrlichen Kuchen probieren! Kein Ruhetag, Tel. 0462 574281

Albergo Miralago: In der Nähe des Passes, gemütliches Bergrestaurant, Trentiner Küche, Sonnenterrasse, kein Ruhetag, Tel. 0462 573791

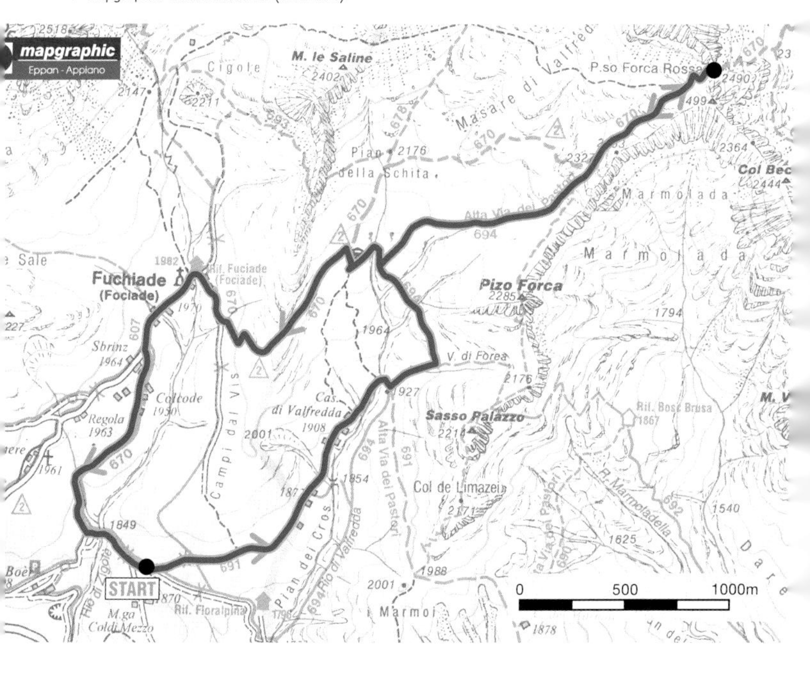

31 AUF DEN PUFLATSCH

Eingerahmt von markanten Dolomitengipfeln wie Schlern, Lang- und Plattkofel, bietet das weite und sonnige Gelände der Seiser Alm ein unvergleichliches Naturerlebnis. Der Puflatsch liegt im äußersten Westen des Almgeländes; er ist ein ebenso lohnender wie leicht zu besteigender Buckel mit einem aussichtsreichen Hochplateau.

Die Wanderung beginnt in Compatsch (ca. 1850 m), der kleinen Hotelsiedlung im Westen der Seiser Alm. An der Bergstation der Umlaufbahn vorbei führt der Weg in westliche Richtung zunächst parallel zur Rodelbahn, zweigt dann von dieser links ab und führt bis zur Dibaita-Hütte, einst AVS-Haus (1950 m). Von dort zieht sich der gespurte und ausgeschilderte Weg über freie Wiesen gegen Nordwesten und führt leicht ansteigend am Rand des weiten Almgeländes entlang, an mehreren Almhütten vorbei, zur Arnika-Hütte (2061 m). Die Aussicht zum nahen Felsmassiv des Schlern, über das Eisacktal, zum Bozner Talkessel und zu den fernen Bergen der Adamello- und Ortlergruppe ist grandios. Richtung Kastelruth fällt das Gelände in einer steilen Felsstufe senkrecht ab. Gegen Osten breiten sich sanfte verschneite Wiesen aus, dazwischen ducken sich hölzerne, vom Wetter gezeichnete Almhütten malerisch in die Mulden. Nach der Arnika-Hütte steigt der Weg zum Goller Kreuz (2104 m, Rastbank) und zu den Felsformationen der Hexenbänke an. Der flache Puflatsch-Buckel ist gut zur Hälfte umrundet, wenn wir am nördlichsten Punkt, dem Fillner Kreuz (2130 m), stehen. Tief unten liegt Pufels, vom Grödner Tal winken die Häuser von St. Ulrich herauf. Im Osten breitet sich die ganze Pracht des Dolomitenpanoramas aus. Der Weg verläuft jetzt südwärts, zur bereits gut sichtbaren Puflatsch-Hütte (2119 m) an der Bergstation des Sessellifts von Puflatsch. (Wer müde ist, fährt mit dem Lift nach Compatsch.) Hier wenden wir uns nach rechts und gelangen über Wiesen sowie die Rodelbahn und eine flache Skipiste querend zur Talstation des Schlepplifts „Kleine Hexe". Weiter abwärts geht's zurück zur AVS-Hütte, deren Fahne wieder den Weg weist. Von hier nach Compatsch, zur Bergstation der Umlaufbahn nach Seis, ist es nur ein Katzensprung.

IN KÜRZE

- ca. 3½ Stunden
- 8,5 km
- ca. 400 Höhenmeter
- leichte Tour
- Mit dem Pkw Zufahrt auf die Seiser Alm nur bis 9.30 Uhr erlaubt; bequemer und umweltschonender ist die Anfahrt mit der Umlaufbahn ab Seis
- Mapgraphic-Wanderkarte 11 (1:25.000); eine kostenlose Wanderkarte mit brauchbarer Winter- und Sommerkarte liegt in allen Hütten der Seiser Alm auf

Dibaita-Hütte: Tel. 0471 729090, www.dibaita-puflatschhütte.com

Arnika-Hütte: Geschützte, sonnige Lage, Hüttenatmosphäre, Sonnenterrasse, Samstag Ruhetag, Tel. 0471 727812, www.arnikahuette.com

Puflatsch-Hütte: Stattliches Haus, auch am Abend für Grillfeste geöffnet, anschließend Rodeln oder Schneeschuhwandern im Mondschein; kein Ruhetag, Tel. 0471 727822

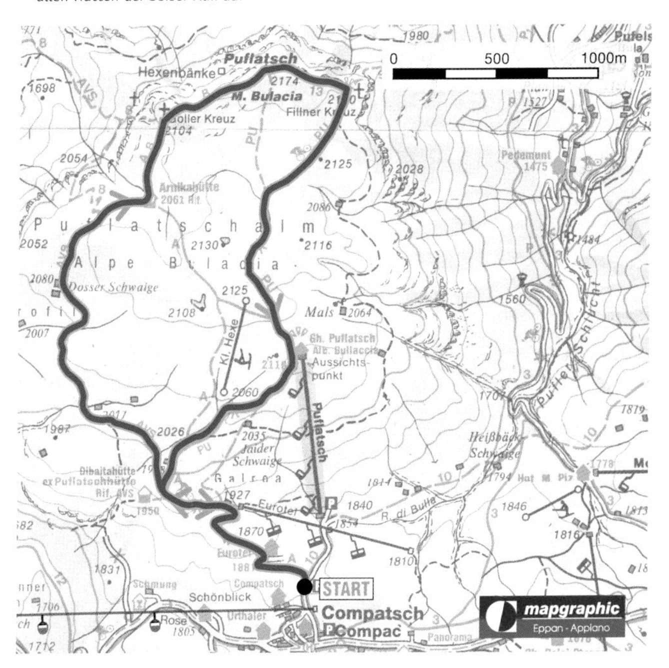

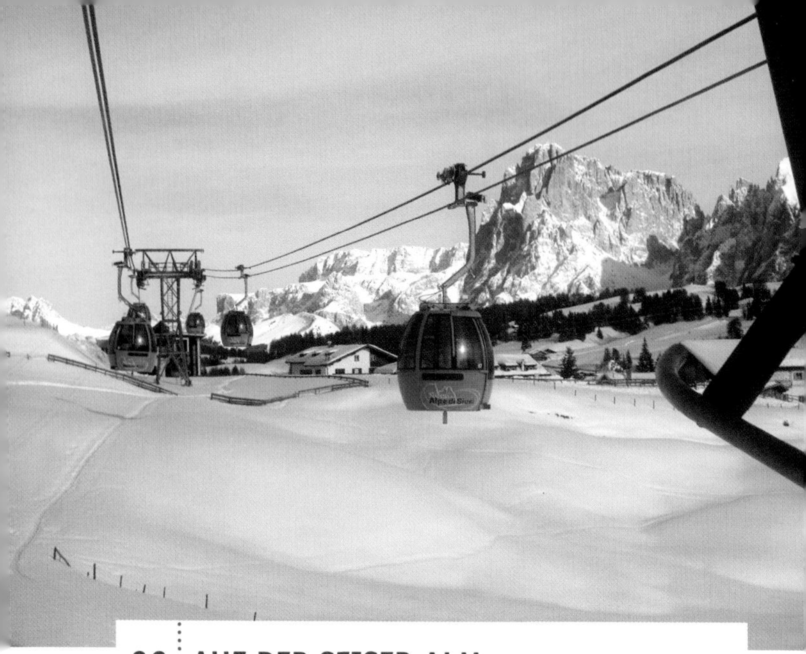

32 AUF DER SEISER ALM

Die Seiser Alm, das prächtige Hochplateau mitten in den Dolomiten, ist sowohl von Seis als auch vom Grödner Tal mit Bergbahnen bequem erreichbar. Die welligen Almwiesen zu Füßen von Lang-, Plattkofel und Schlern bieten nicht nur prächtige Ausblicke, sie sind auch ideales Gelände für Schneeschuhwanderer. Unsere Tour führt vom Trubel bei Compatsch zur Ruhe und Stille der östlichen Alm, zu sonnigen und windgeschützten Plätzen.

Wir starten auf Compatsch, der Bergstation der Seiser Umlaufbahn, und schlagen den viel begangenen Winterwanderweg ein, der am Hotel Plaza vorbei in 15 Minuten parallel zur Fahrstraße und dort diese querend zum Hotel Steger-Dellai führt (Markierung Nr. 30). Nach dem Hotel geht der Weg leicht bergauf, auf der Kuppe verlassen wir den Wanderweg, spätestens hier schnallen wir die Schneeschuhe an und gehen links ab querfeldein zur nahen Ritsch-Schwaige, einem viel besuchten Langlaufzentrum. Hier überqueren wir wieder die Fahrstraße und gehen links der Loipe in Richtung Sanon-Hütte und schwenken kurz vor der Hütte rechts in den gespurten Hartlweg ein. Wir entfernen uns immer mehr vom regen Wander-, Langlauf- und Skibetrieb der Alm, die Gegend wird zusehends einsamer und stiller. Wir versuchen auf dem verschneiten, aber gut sichtbaren Winterweg zu bleiben (Nr. 19), kreuzen dabei zwei Mal die Loipe, umrunden die Geländerippe, die sich vom Wolfsbühel zur Hartl-Schwaige hinzieht, und gehen oberhalb der Schwaige (Winterruhe) vorbei. Auf dieser

Strecke öffnet sich eine tolle Aussicht über Gröden, die Geisler- und Puez-Gruppe. Kurz nach der Hartl-Alm verlassen wir die Loipe, die uns zeitweise begleitet hat, hier kräftig ansteigt und in einer Schleife zurückführt. Wir bleiben jetzt auf der im Winter gesperrten und verschneiten Zufahrtsstraße zur Alm (Nr. 11) und wandern durch Wald bis zur Lichtung mit der Trojer-Alm. Einst stand hier ein viel besuchtes Ausflugsgasthaus, nach einem Brand wurde nur mehr eine Almhütte errichtet, die im Sommer von den Bauersleuten benutzt wird. Wir gehen weiter nach Saltria, das letzte kurze Wegstück legen wir dabei auf der Fahrstraße zurück. Von Saltria bringt uns der regelmäßig verkehrende Skibus wieder nach Compatsch zurück.

IN KÜRZE:

⌛ 4–5 Stunden

↦ 14,8 km

390 Höhenmeter

mittlere Tour

Von Seis mit der Umlaufbahn auf Compatsch; Parkplatz an der Talstation, Tel. 0471 704270, www.seiseralmbahn.it

Mapgraphic-Wanderkarte 11 (1:25.000)

Sanon-Hütte: Wohl die urigste Hütte auf der Alm, Tiroler Kost, Sonnenterrasse, kein Ruhetag, Tel. 0471 727002, www.sanon.it

Redauer Schwaige: Neben der Talstation des Sessellifts „Florian" in Saltria, Südtiroler Spezialitäten, kein Ruhetag, Tel. 0471 727826, www.radauerhof.com

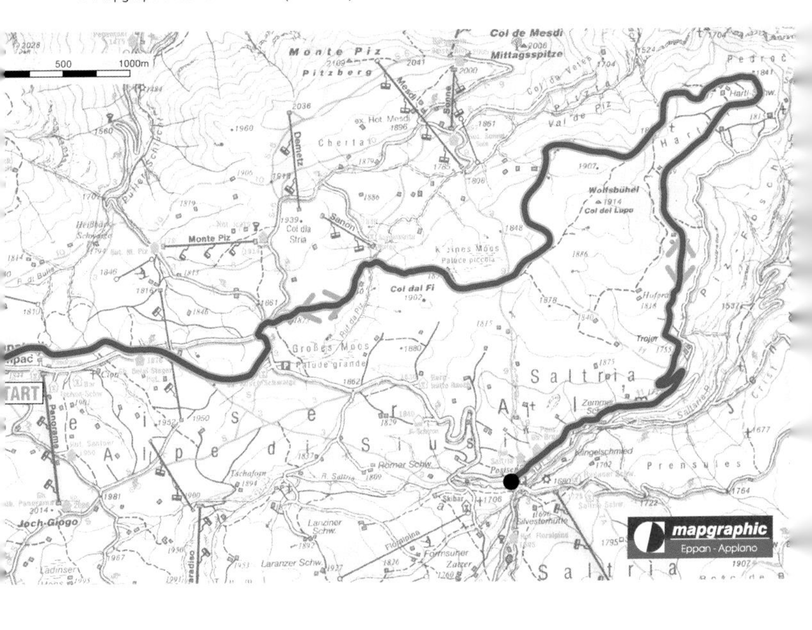

33 AUF DEN PIZ DA URIDL

Im Osten der Seiser Alm, am Nordabhang des Plattkofel, erhebt sich der Piz da Uridl (2101 m). Von Monte Pana auf der Grödner Seite der Alm aus erreichen wir die kleine, aussichtsreiche Kuppe im Zuge einer leichten Rundwanderung.

Im Shuttlebus ab Monte Pana zieht die herrliche Winterlandschaft der Seiser Alm an uns vorüber. An der Abzweigung des Fußwegs zum Zallinger steigen wir aus (ca. 1820 m) und starten. Wir schlagen nicht den ausgeschilderten Wanderweg zum Zallinger ein, sondern halten uns Richtung Süden und gehen in einer breiten Waldschneise auf den Plattkofel zu, der uns seine steile Nordwand zuwendet. Rechts davon zeigt sich bereits unser Ziel, die Kuppe des Piz da Uridl, auf Deutsch Hohes Eck. Nach 10 Minuten Anstieg dreht die Aufstiegsspur etwas nach Osten, auf einen kleinen Sattel Richtung Langkofel zu, um dann wieder auf dem Rücken einer sanften Kuppe, einem freien, mit einzelnen Zirbelkiefern und wetterzerzausten Fichten bestandenen Gelände, auf den Gipfel zuzuschwenken. Das prächtige Felsmassiv von Lang- und Plattkofel liegt vor uns, im Rücken die Puez-Geisler-Gruppe, im Westen die Seiser Alm. Das flache Gipfelplateau des Piz da Uridl (2101 m) ist in etwas mehr als einer Stunde erreicht. Die Spur zieht von hier weiter nach Süden; an einer Weggabelung bleiben wir rechts auf Steig Nr. 527 (Richtung Murmeltierhütte). Der Weg schlängelt sich zwischen großen Steinen durch. Nach 20 Minuten erreichen wir einen Sattel. Es geht jetzt kurz bergab, auf eine Almhütte in einer Senke zu. Südlich davon zieht sich freies, von einigen

Hütten durchsetztes Gelände zum Berggasthaus Zallinger (2037 m) hin. Das Gasthaus mit dem daneben stehenden Kirchlein ist gut zu sehen und bald erreicht. Wenig oberhalb liegt die Williamshütte (2100 m) an der Bergstation des Sessellifts. Wer müde ist, fährt mit dem Lift nach Saltria ab und nimmt von dort den Bus nach Monte Pana; befriedigender ist der Rückweg auf dem geräumten Winterwanderweg (Markierung 7), der in einer knappen Stunde vom Zallinger zur Haltestelle am Ausgangspunkt an der Straße führt.

IN KÜRZE

⌛ 3½ Stunden

⟼ 8 km

350 Höhenmeter

leichte Tour, problemlose Orientierung

Von St. Christina im Grödner Tal mit dem Auto auf geräumter, steiler Teerstraße oder mit dem Sessellift nach Monte Pana (1650 m); von dort mit dem im Halbstundentakt verkehrenden Shuttlebus Richtung Saltria; Haltestelle bei der Abzweigung des Fußwegs zum Zallinger

Kompass-Wanderkarte 54 (1:50.000) oder 616 (1:25.000)

Berggasthaus Zallinger: Gut geführtes, großes Haus mit Zimmern, kein Ruhetag, Tel. 0471 727947, www.zallinger.com

Williamshütte: An der Bergstation des Florian-Lifts, viel Betrieb, große Sonnenterrasse, kein Ruhetag, Tel. 0471 727899, www.williamshuette.it

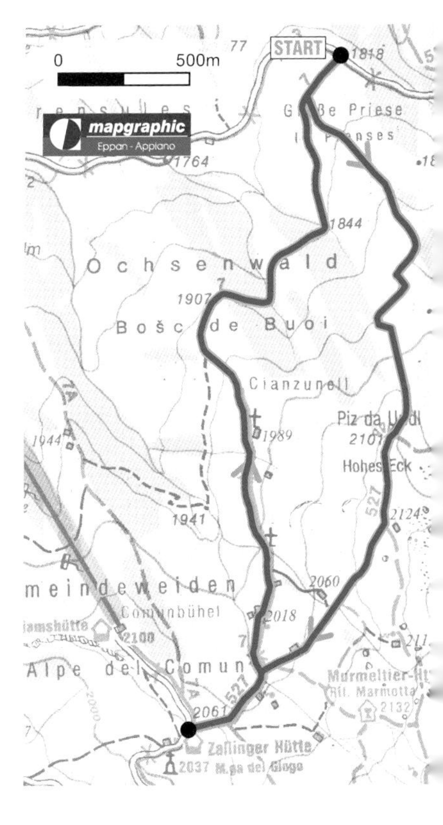

34 AUF DIE RASCHÖTZ

Die Raschötz ist ein bewaldeter Rücken aus rotem Porphyr, der das Gröden- vom Villnösstal trennt. Auf dem Kamm breiten sich sonnige Almen aus: ein ideales Gelände für leichte Schneeschuhwanderungen.

Eine moderne Standseilbahn bringt uns von St. Ulrich bequem auf 2103 m (Restaurant). Die Fahrt in den Panoramawaggons ist ein Augenschmaus, die Dolomitengipfel und unter uns das Grödner Tal vor Augen, gleiten wir mühelos in die Höhe. Von der Bergstation schlagen wir den Weg ostwärts ein, den Schildern „Flitzer Scharte" und „Cason-Hütte" folgend. In wenigen Minuten ist die Cason-Hütte (Winterruhe) erreicht, kurz darauf beginnt der eigentliche Aufstieg, in nordwestlicher Richtung durch die letzten schütteren Zirbelkiefern den Kamm bergauf. Die Orientierung gelingt problemlos, meist finden sich Steigspuren, wir streben einfach dem höchsten Punkt des Bergs zu. Nach einer halben Stunde stehen wir auf der 2278 m hohen Gipfelkuppe. Während die Raschötz nach Süden sanft abfällt, stürzen im Norden die Wände steil ins Villnösstal ab. 360-Grad-Rundblick zu den Dolomiten, ins Eisacktal, zu den Sarntaler Alpen und bis zu den fernen Bergen im Westen! Auch das nächste Ziel der Wanderung liegt schon vor Augen: das Raschötzer Kreuz (2170 m), ein riesiges Kruzifix, auf einer Kuppe im Westen. Wir steigen nun zur Kapelle zum Heiligen Kreuz (Tschan-Kirchl, 1755 erbaut) ab. Ab hier ostwärts (Wanderweg Nr. 10; ab Raschötzer Hütte Nr. 35) in 45 Minuten zurück zur Bergstation des Lifts. Am

Weg treffen wir auf die gemütliche Raschötzer Hütte (2170 m), gerade recht, um die Tour in Ruhe ausklingen zu lassen.

☞ Wer die Tour verlängern möchte, kann von der Raschötzer Hütte auf guten Wanderwegen nach Oberwinkel (ca. 1500 m), einem Ortsteil von St. Ulrich, und dann zum Ausgangspunkt bei der Secëda-Gondelbahn absteigen.

IN KÜRZE

⌛ 2–3 Stunden

↦ 6 km

ca. 250 Höhenmeter

leichte Tour, auch für den Hochwinter geeignet

Von St. Ulrich in Gröden zum Parkplatz (gebührenpflichtig) bei der Secëda-Gondelbahn, von dort zu Fuß in wenigen Minuten zur Raschötz-Standseilbahn auf der anderen Seite des Bachs (beschildert); Standseilbahn: Tel. 0471 796174, www.resciesa.com

Mapgraphic-Wanderkarte 22 (1:25.000)

🍴 **Bergbahn-Restaurant** bzw. **Chalet Raschötz:** Neben der Bergstation des Raschötz-Sessellifts, Restaurant-Café, Sonnenterrasse; ab hier 6 km lange Rodelbahn hinunter ins Oberdorf von St. Ulrich, Rodelverleih; kein Ruhetag, Tel. 0471 798259, www.resciesa.com

Raschötzer Hütte: Neu errichtete Berghütte, nach energiesparenden Prinzipien (Klimahaus A) und behindertengerecht erbaut; Sonnenterrasse, gute Hausmannskost, Tel. 333 3380868, www.rifugiorasciesa.com

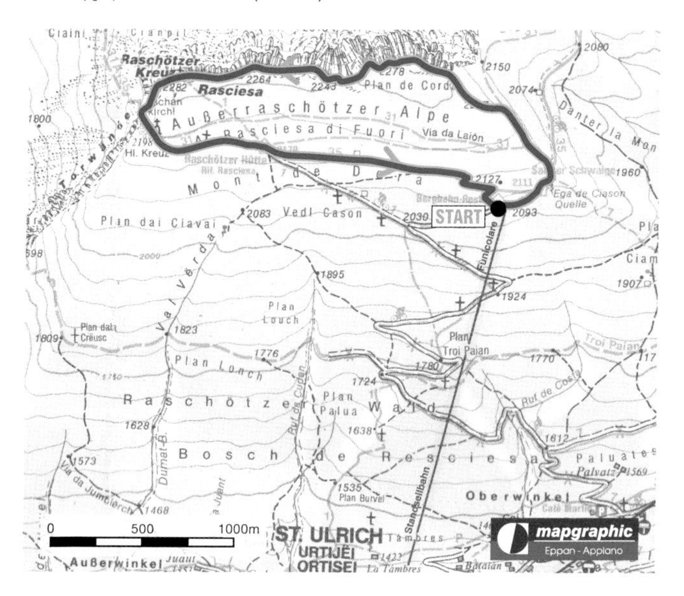

35 AUF DEN COL RAISER

Zu Füßen der Dolomitenzacken der Geisler-Gruppe liegen das sonnige Secëda-Plateau und davor der Col Raiser, ein beliebtes Skigebiet, das mit einer Umlaufbahn von St. Christina in Gröden aus erschlossen ist. An seinem Ostrand dehnen sich wunderbare Almen aus, über die diese Wanderung bis ins Tal führt.

Von der Bergstation der Umlaufbahn auf den Col Raiser (2107 m; hier auch Restaurant) wenden wir uns ostwärts und gehen auf Weg Nr. 4 leicht bergab in 20 Minuten zur Regensburger Hütte (oder Geisler Hütte, 2037 m, im Winter geschlossen), die gut sichtbar in einer Mulde am Fuße der Stevia-Gruppe liegt. An einem Nebengebäude der Regensburger Hütte ist eine riesige Sonnenuhr angebracht. Ab der Hütte ist der Weg mit Nr. 1/3 markiert und ausgeschildert; er führt abwärts durch schöne Zirbenwälder, ein munteres Bächlein entlang, in Richtung St. Christina-Wolkenstein. Bei guter Schneelage bietet sich der Abstieg rechts vom Bach über das freie Almgelände an. Bei einem kleinen zugefrorenen See teilt sich der Weg, wir halten uns links und wandern, der Nr. 1 folgend, leicht aufwärts und dann eben den Hang entlang zur Juac-Alm (Alpe Jüač). Auf den weiten Wiesen thront in beherrschender Lage das moderne Gebäude der Juac-Hütte (1905 m), auch im Winter ein beliebtes Ausflugsziel. Der Weg führt ab hier zu den tiefer gelegenen Almhütten, verläuft Richtung Süden, überquert eine Teerstraße, geht weiter abwärts zum Weiler Daunëi (ca. 1677 m) und trifft dann auf die Straße nach Wolkenstein. Die Straße entlang ins Dorf und mit dem Skibus wieder nach St. Christina zurück.

☞ Wer will, wandert vom Col Raiser zuerst nordwärts, dann in einer Schleife auf Weg Nr. 1/2A über welliges Gelände zur Piera-Longia-Hütte (2297 m) und von dort auf Weg Nr. 13 zur Regensburger Hütte.

IN KÜRZE

⌛ Von Col Raiser nach Wolkenstein ca. 2½ Stunden; bei Umweg über Piera Longia ca. 1½ Stunden länger

↦ 7 km

ca. 700 Höhenmeter im Abstieg, kurzer Anstieg vor der Juac-Hütte und zur Talstation der Umlaufbahn; bei Umweg über Piera Longia ca. 300 Höhenmeter im Aufstieg mehr

je nach Route leichte bis mittlere Tour

Von St. Christina in Gröden mit der Gondelbahn (Tel. 0471 792089) auf den Col Raiser

Mapgraphic-Wanderkarte 22 (1:25.000)

Col-Raiser-Hütte: Gepflegtes Berghotel mit Restaurant an der Bergstation der Umlaufbahn, Sonnenterrasse, Übernachtungsmöglichkeit, kein Ruhetag, Tel. 0471 796302

Juac-Hütte: Prächtig gelegen, gute Bauernkost, kein Ruhetag, Tel. 335 8082321

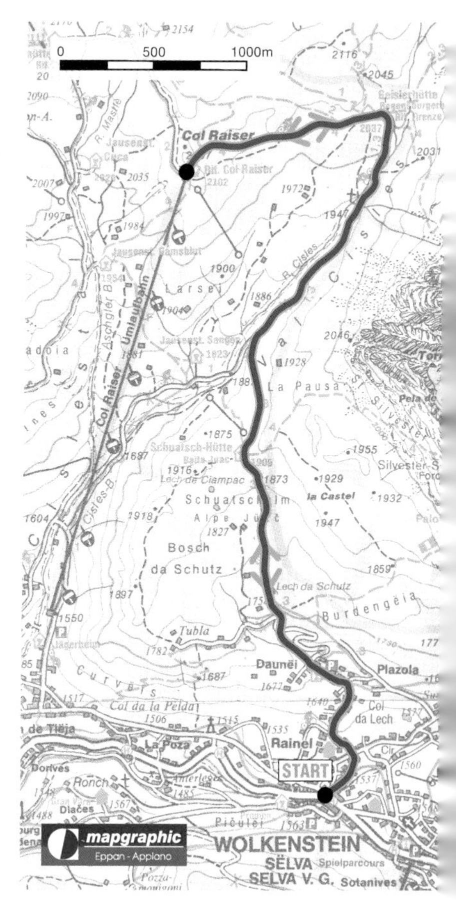

36 VON VILLANDERS AUFS RITTNER HORN

Das Rittner Horn, der Bozner Hausberg, ist einer der aussichtsreichsten Berge Südtirols: Von seinem Gipfelplateau genießt man eine atemberaubende 360-Grad-Rundsicht. Für diese Tour wählen wir den Aufstieg von der Villanderer Nordseite und vermeiden so die mit Liften und Skipisten erschlossene Südflanke.

Schon die 14 km lange Anfahrt von Klausen auf die Villanderer Alm bietet tolle Ausblicke zu den Dolomiten und nach Süden ins Eisacktal. In der Kehre (ca. 1740 m) kurz vor der Gasserhütte nehmen wir den rot-weiß markierten Weg Nr. 7, der vor der Brücke den Bach entlang, über Wiesen und durch schütteren Zirbelwald, an Almhütten vorbei, in einer knappen Stunde auf den Gasteiger Sattel (2056 m) führt. Eine weite, baumlose Hochfläche breitet sich aus. Während beim Aufstieg die Dolomiten mit Geislerspitzen, Lang- und Plattkofel im Blickfeld waren, überblicken wir hier oben das Bergpanorama im Westen mit der Sarner Scharte und dem Villanderer Berg im Vordergrund. Steinmauern, die im Winter gerade noch aus dem Schnee lugen, kennzeichnen die Gemeinde- und alten Weidegrenzen. Der Weg wendet sich nun nach Süden. Der Buckel im Vordergrund, den wir in einer halben Stunde ersteigen, ist noch nicht das Rittner Horn, sondern der Sattelberg; die Gipfelkuppe versteckt sich hinter diesem Vorberg. Nach Überschreitung eines Bodens (Merlboden) und einem kurzen Abstieg erwartet uns ein Anstieg von 120 Höhenmetern. Dann stehen wir auf dem flachen Gipfelplateau des Rittner Horns (2260 m, Gipfelhütte im Winter geschlossen). Der Rückweg deckt sich bis zum Merlboden mit dem Aufstiegsweg. Beim Merlboden nehmen wir die

Abzweigung ostwärts und wandern über die Barbianer Almen auf breitem, sanft fallendem Weg (Markierung 4, 14) bis zur „Furner Schupfe", wo der Weg Nr. 15 nordwärts durch Wald und zuletzt über Wiesen abwärts zum Parkplatz führt.

☞ Die Höfe an den sonnigen Hängen unterhalb von Villanders zählen zu den beliebtesten Törggele-Einkehren Südtirols. Unsere Tipps für einen genussvollen Ausklang der Tour: Larm, Winkler, und Klingler in Sauders (von Villanders westwärts), Röckhof und Gasthaus Sturmhof in St. Valentin (ostwärts Richtung Klausen).

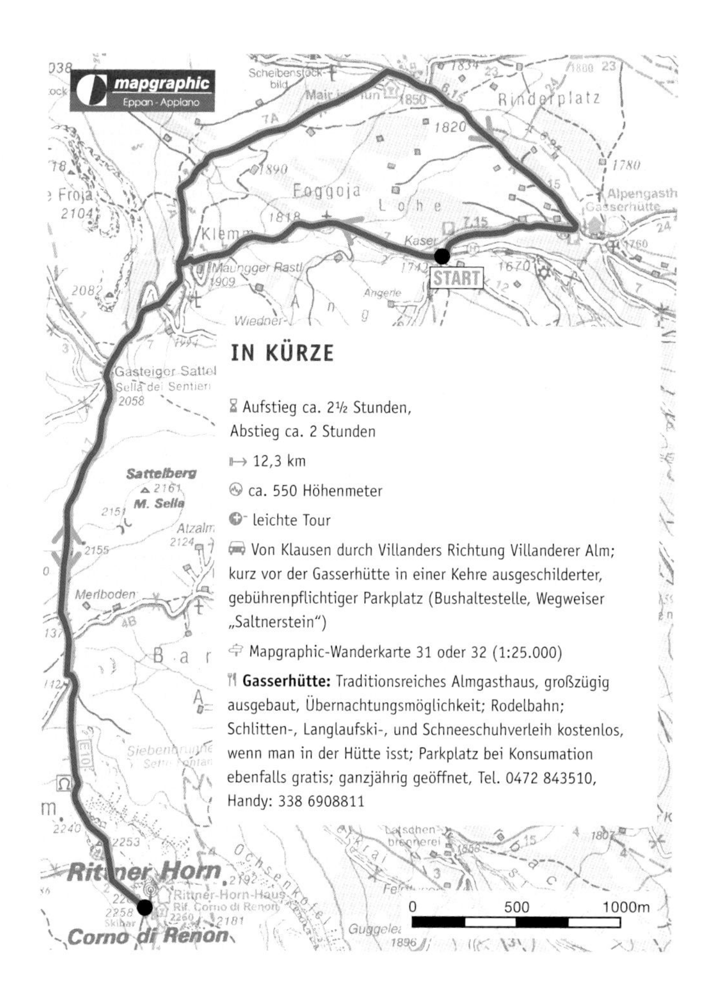

IN KÜRZE

Aufstieg ca. 2½ Stunden, Abstieg ca. 2 Stunden

12,3 km

ca. 550 Höhenmeter

leichte Tour

Von Klausen durch Villanders Richtung Villanderer Alm; kurz vor der Gasserhütte in einer Kehre ausgeschilderter, gebührenpflichtiger Parkplatz (Bushaltestelle, Wegweiser „Saltnerstein")

Mapgraphic-Wanderkarte 31 oder 32 (1:25.000)

Gasserhütte: Traditionsreiches Almgasthaus, großzügig ausgebaut, Übernachtungsmöglichkeit; Rodelbahn; Schlitten-, Langlaufski-, und Schneeschuhverleih kostenlos, wenn man in der Hütte isst; Parkplatz bei Konsumation ebenfalls gratis; ganzjährig geöffnet, Tel. 0472 843510, Handy: 338 6908811

37 AUF DIE SARNER SCHARTE

Die Sarner Scharte ist – entgegen ihrem Namen – ein Gipfelplateau. Die markante Nase mit der steil nach Westen abfallenden Flanke sieht man bereits vom Unterland aus; sie scheint das Sarntal abzuschließen. Tatsächlich steigt der Berg auf der östlichen Seite des Sarntals auf und ist von der Rittner und der Eisacktaler Seite her problemlos zu erwandern.

In der Kehre kurz vor der Gasserhütte schnallen wir die Schneeschuhe an, auf dem breiten, rot-weiß markierten Weg Nr. 7 geht es den Bach entlang aufwärts über Almen und an Hütten vorbei zum Gasteiger Sattel (2058 m). Dort folgen wir der rot-weißen Markierung leicht abwärts, auf eine Reihe von Almhütten zu. Im Nordwesten erheben sich gut sichtbar der Villanderer Berg und südlich davon die Sarner Scharte. Der Weg dorthin führt an den Hütten vorbei, flankiert von zwei Holzzäunen, bei der letzten Hütte (Hinweisschild) kurz aufwärts und dann wieder auf eine Senke unterhalb der immer gut sichtbaren Scharte zu. Obwohl die Markierungen teilweise unter dem Schnee verdeckt sind, ist der Steig gut auszumachen. Nun geht es bergauf, dem Tälchen entlang bis in die Mulde unterhalb der Scharte, in der die Biwakhütte gut sichtbar ist. Wir weichen dem Steilstück in die Scharte aus und steigen südwestlich über ein kurzes felsdurchsetztes Stück steil auf den Rücken vor der eigentlichen Scharte auf. Wir begnügen uns mit diesem immerhin 2402 m hohen Vorgipfel, der letzte kurze Aufstieg zur 2468 m hohen eigentlichen Scharte ist sehr steil und manchmal gefährlich. Fantastische Aussicht, besonders in Richtung Süden, auf den Talkessel von Bozen und auf das Etschtal!

Der Rückweg ist bis zum Gasteiger Sattel mit dem Aufstiegsweg identisch; ab hier bleiben wir auf dem breiten Weg, der zur Almhütte Moar in Plun (1860 m) und weiter zur Gasserhütte (1744 m) und von dort zurück zum Ausgangspunkt führt.

☞ Nördlich der Sarner Scharte liegt der Villanderer Berg (2509 m), dessen Gipfel jenen der Sarner Scharte um 40 m überragt. Am Gasteiger Sattel gabelt sich der Weg zur Sarner Scharte und wendet sich, mit Nr. 1 markiert, nach Nordwesten zu einem von weitem sichtbaren, gemauerten Bildstock. Von dort immer leicht ansteigend auf der Kante des Plateaus zum Gipfel. Auf dem Aufstiegsweg wieder zurück. Für die Variante ist in etwa dieselbe Gehzeit zu veranschlagen wie auf die Sarner Scharte.

IN KÜRZE

⌛ Aufstieg ca. 3½ Stunden, Abstieg ca. 2½ Stunden

↦ 16,3 km

ca. 700 Höhenmeter

lange, aber problemlose Tour

Von Klausen durch Villanders Richtung Villanderer Alm; kurz vor der Gasserhütte in einer Kehre gebührenpflichtiger, ausgeschilderter Parkplatz (Bushaltestelle, Wegweiser)

Mapgraphic-Wanderkarte 32 (1:25.000)

Gasserhütte: Traditionsreiches Almgasthaus, Übernachtungsmöglichkeit, ganzjährig geöffnet, Tel. 0472 843510, Handy: 338 6908811

Mair in Plun: Modernes, rustikales Berggasthaus, Sonnenterrasse, prächtige Aussicht, Tel. 0472 843196, Handy: 335 474625, www.mairinplun.com

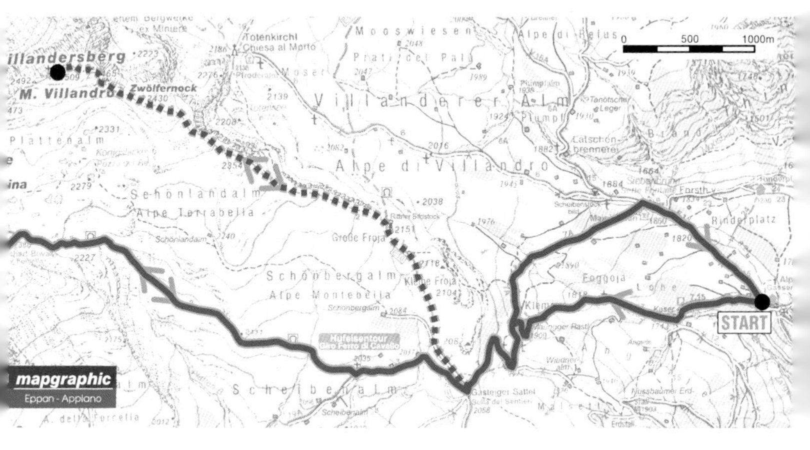

38 : AUF DEN JOCHERER BERG

Im Osten der Sarntaler Alpen, am Fuße der Lorenzi- und Kassianspitze und auf den Nordabhängen des Rittner Horns, breiten sich die sanften Höhenrücken der Villanderer und Latzfonser Alm aus. Ein aussichtsreicher, aber nicht sehr markanter Gipfel ist unser Ziel: der Jocherer Berg in der Nähe des Höhenkirchleins Latzfonser Kreuz.

Über Feldthurns und Latzfons erreichen wir auf schmaler Asphaltstraße den Ausgangspunkt, den Parkplatz nach dem Öberst-Hof auf 1688 m. Auf der Rodelbahn bergauf, nach 20 Minuten Gehzeit, auf dem Kaseregg, in Sichtweite der Jocherer Kasalm (Sommerparkplatz, 1959 m), verlassen wir die breite Straße und steigen am Waldrand in nordöstlicher Richtung auf einem Karrenweg (Wegweiser und Markierung Nr. 15) und dann am Zaun entlang auf. Der Wald bleibt hinter uns, die Aufstiegsspur geht nicht zu steil über weite Almwiesen, die Aussicht zu den Dolomiten im Osten ist prächtig. Bei einem Wegkreuz (2339 m) – die Wallfahrtskirche vom Latzfonser Kreuz wäre nicht mehr weit – schwenken wir nach Nordwesten und steuern auf die flache Gipfelkuppe des Jocherer Bergs (2396 m) zu. Jetzt wandern wir am Kamm südwestwärts (Weg Nr. 1), nach etwa 20 Minuten biegen wir leicht links ab und folgen einem Wegweiser (15A), der uns zur Stöfflhütte (2057 m) bringt. Von hier nehmen wir den Weg in östlicher Richtung, er umrundet einen Wiesenhügel und bringt uns zur Jocherer Kasalm und über die Rodelbahn zum Ausgangspunkt zurück.
☞ Etwas für Unternehmungslustige: Bei der Jocherer Kasalm werden Rodeln ausgeliehen, die am Parkplatz abgegeben werden können.

IN KÜRZE

⌛ Parkplatz (1688 m) – Jocherer Berg (2396 m) ca. 2 Stunden, Jocherer Berg – Stöfflhütte ca. 1 Stunde, Stöfflhütte – Parkplatz ca. 45 Minuten; Gesamtdauer ca. 4 Stunden

↦ 10,2 km

690 Höhenmeter

leichte Tour

Mit dem Pkw über Feldthurns und Latzfons bis zum Parkplatz nach dem Öberst-Hof

Mapgraphic-Wanderkarte 32 (1:25.000)

Stöfflhütte: Großes Berggasthaus in 2057 m Höhe, Übernachtungsmöglichkeit, über Weihnachten und an den Wochenenden geöffnet, Tel. 320 3364998 oder 338 7319464, www.stoefflhuette.it

Jocherer Kasalm: Gemütliche Hütte, Tiroler Kost, eigene Käserei, an den Wochenenden geöffnet, Tel. 348 9825086

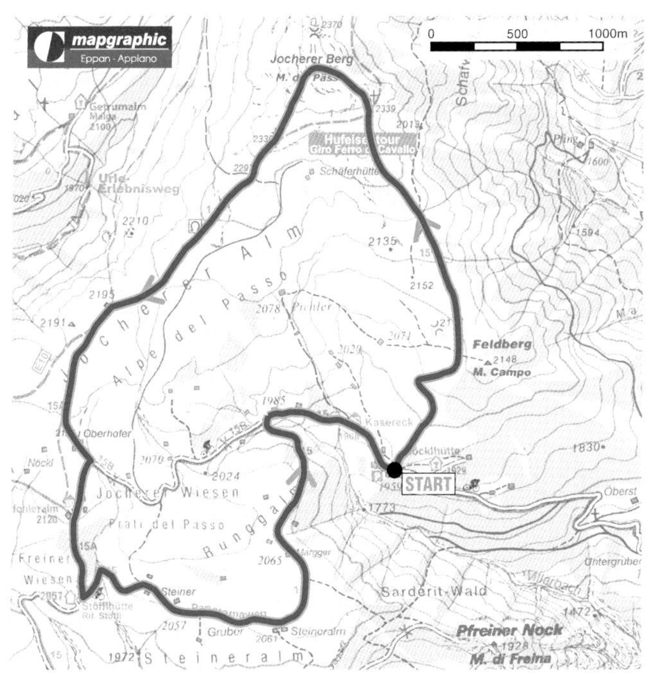

39 AUF DEN KÖNIGSANGER

Welch verheißungsvoller Name: Königsanger! Wer durchs Eisacktal fährt, dem fällt er sofort auf, der in der Wintersonne glitzernde Rücken, der sich über den dunklen Wäldern oberhalb von Feldthurns im Westen Brixens erhebt. Nur schade, dass die weiße Pracht an den Südhängen nicht lange der Sonne standhält und meist nur von kurzer Dauer ist.

Genügend Schnee vorausgesetzt, ist der Berg bei Skitourengehern und Schneeschuhwanderern wegen seiner eher flachen Hänge und seiner Lawinensicherheit gleichermaßen beliebt. Unser Ausgangspunkt ist beim Kühhof oberhalb von Latzfons auf 1560 m. Kurz nach dem Gatter am Parkplatz geht vom breiten Forstweg bei einem großen Stein rechts ein markierter, steiler Waldweg ab. Er führt, an einem Wetterkreuz vorbei, zuerst in nordwestliche und dann in nordöstliche Richtung durch schütteren Wald und in 45 Minuten zum Beginn der Almwiesen. Nun geht es weglos und ohne Markierung in nordöstliche Richtung, an etlichen Almhütten vorbei, der Gipfelkuppe (2436 m) zu. Der Berg ist so gut besucht, dass man immer Spuren findet, die den Weg weisen. Auch Skitouren-Anfänger mögen diese Tour; man kann den Berg mit den Skiern ersteigen, ohne eine einzige Spitzkehre zu machen, so sanft steigt er an. Das Gipfelkreuz versteckt sich bis zuletzt hinter einem Vorgipfel. Die Aussicht ist wahrhaft königlich, der Blick zu den Dolomiten auf der anderen Seite des Eisacktals beeindruckend. Rückweg wie Aufstieg.

☞ Wenn wir uns auf dem Rückweg kurz vor dem Eintritt in den Wald etwas östlich halten, gelangen wir zur Brugger Schupfe, einer zünftigen Almwirtschaft, die im Winter an den Wochenenden geöffnet hat. Vor dem Haus lassen sich die Wintersonne und die Aussicht herrlich genießen!

☞ Man kann auch von Garn oberhalb von Feldthurns starten, am Waldrand ist ein großer Parkplatz (Markierung 10, „Radelsee“). Rund 200 Höhenmeter unterhalb des Gipfels verlassen wir den Weg und steuern auf das Gipfelkreuz zu. Ab Garn sind es etwa 200 Höhenmeter und 30 Minuten Aufstieg mehr.

IN KÜRZE

⌛ 3½–4 Stunden

↦ 9,4 km

ca. 870 Höhenmeter

mittlere Tour

Von Feldthurns nach Latzfons; hinter dem Dorf, bei einem Bildstock, zweigt rechts eine schmale Teerstraße zum Kühhof ab; großer Parkplatz

Mapgraphic-Wanderkarte 12 (1:25.000)

Brugger Schupfe: Almgasthaus, Sonnenterrasse; Rodelbahn bis zum Parkplatz Ziernfelder Boden oberhalb von Garn; an den Wochenenden und über die Weihnachtstage geöffnet, Tel. 339 2902904

Glanger: Viel besuchtes Ausflugslokal in Feldthurns, im Winter Anmeldung empfohlen, Tel. 0472 855317

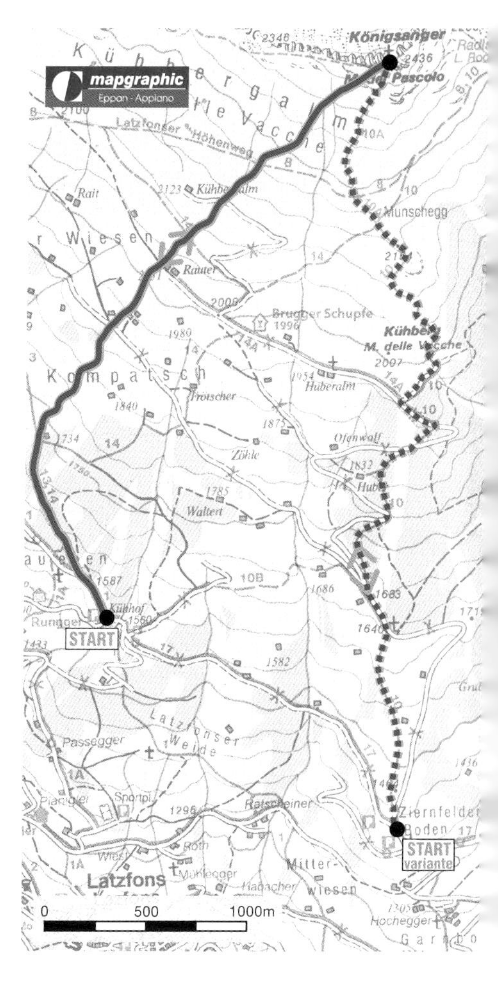

40 WINTERTRAUM AM WÜRZJOCH

Zwischen den schroffen Spitzen der Aferer Geisler und den sanften Kuppen von Plose und Gabler liegen um das Würzjoch weite Wiesen und lichte Wälder, ein geradezu ideales Gelände zum Schneeschuhwandern. Bei dieser einfachen Tour führt unser Weg ohne viel Anstrengung durch schönstes alpines und trotzdem sicheres Gelände. Gleich mehrere Hütten am Weg laden zu Rast und Stärkung ein.

Nach der langen Zufahrt bis kurz vor dem Würzjoch parken wir am Parkplatz Fistilboden. Nördlich der Straße zweigt der „Bachweg" (Markierung 10) ab, wie der Name sagt, führt er im verschneiten Bachbett über gestuftes Gelände durch schütteren Wald und über Wiesen allmählich bergauf, nach Osten auf die Halslhütte zu. Hier überqueren wir den Talboden und gehen in nordwestlicher Richtung auf einem abwechslungsreichen Steig (Nr. 4, Wegweiser „Schatzerhütte") durch einen Wald mit alten Zirbelkiefern aufwärts und zuletzt auf wieder breitem Weg zur aussichtsreich gelegenen Schatzerhütte. Die nahen Gipfel des Peitlerkofels und der Aferer Geisler begleiten uns dabei. Nach einer Hüttenpause steigen wir östlich der Hütte auf einem Güterweg ab und stoßen nach 20 Minuten auf eine Forststraße, die in weiteren 30 Minuten zur Plosestraße in die Nähe des Parkplatzes zurückführt.

Der markante Peitlerkofel mit seiner schroffen Nordwestflanke markiert das nördliche Ende der Dolomiten. Weil er über seine Ostseite auf einem Steig zu erklimmen ist, stellt er ein beliebtes und viel besuchtes Gipfelziel dar. Über die Peitlerscharte ist er mit den nach Westen auslaufenden Aferer Geislern verbunden. Am Würzjoch befindet sich eine riesige natürliche Bruchzone, die tiefe Einblicke in die geologischen Schichtzonen der Dolomiten gewährt, die bunten Ablagerungsschichten sind auch für den Laien gut erkennbar.

IN KÜRZE

ca. 3 Stunden

10,3 km

650 Höhenmeter

leichte Tour

Über Brixen – Plose – Afers – Palschoß Richtung Würzjoch bis zum Parkplatz Fistilboden, kurz vor der Einmündung in die Straße nach Villnöss; oder über Villnöss – St. Peter – Col – Russiskreuz an der Würzjochstraße, nach Plose-Palschoß abzweigen bis zum Parkplatz

Mapgraphic-Wanderkarte 12 (1:25.000)

Halslhütte: An der Würzjochstraße, rührige Wirtsleute, gute Tiroler Kost, Tel. 0472 521267

Schatzerhütte: Am Sonnenhang von Plose-Gabler, nur zu Fuß erreichbar, gepflegte Küche, Unterkunft, Tel. 0472 521343

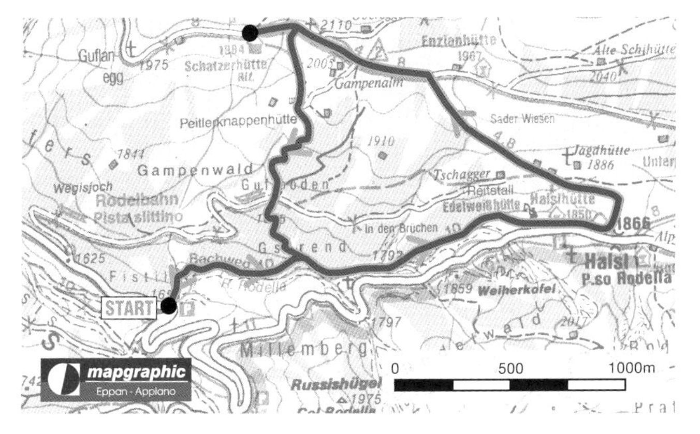

41 ZUR ANTERSASC-ALM

Im Osten des Naturparks Puez-Geisler, am Ende eines Seitenarms des Gadertals, liegt, in einen Wiesenkessel eingebettet und von Felstürmen umrahmt, die Zwischenkofelalm, ladinisch: Antersasc-Alm. Über Campill erreichen wir die Alm in einer leichten und lohnenden Wiesen- und Waldwanderung.

Wir starten am Parkplatz Punt de Rü Fosch (1491 m), kurz hinter dem Reiterhof „Sitting Bull", am Ende des Campilltals. Auf dem Forstweg (Markierung Nr. 9, später 6) geht's stetig bergauf. Am Eingang zum Antersasc-Tal endet der Forstweg, es geht auf einem engen Steg weiter, der direkt zu den Almwiesen führt. Eingebettet in einer weiten Mulde und umgeben von den Gipfeln der Puez-Gardenaccia-Gruppe liegen die zwei alten Almen. Ein markanter Felsen ragt aus dem Schnee, darauf wächst eine uralte Zirbelkiefer. Am Fuße dieses großen Steins lässt es sich gut rasten, wie auch bei der 5 Minuten entfernten Zwischenkofelalm, auf Ladinisch Antersasc-Alm (2085 m, Winterruhe), in deren Schutz wir unseren Proviant auspacken. Gehzeit bis hierher 2½–3 Stunden. Zurück geht's entlang der Aufstiegsspur.

☞ Bei sicherer Schneelage können wir auch noch den Zwischenkofel (2384 m) erklimmen. Am Beginn des Talkessels der Zwischenkofelalm rechts über eine steile Rippe weglos hinauf zu einer Hochfläche. Von dort immer nach rechts (Richtung Nordosten) über alpines Gelände in rund einer Stunde auf den Gipfel.

👁 Im Zwischenkofeltal überwintern Hunderte von Gämsen. Es lohnt sich also, ein Fernglas mitzunehmen.

IN KÜRZE

⌛ Insgesamt 4 Stunden, 2½ im Aufstieg, 1½ im Abstieg

↦ 10,3 km

650 Höhenmeter

leichte Tour

🚗 Von St. Martin in Thurn ins Campilltal, einem Seitental des Gadertals, bis Campill/Longiarü; von dort weiter taleinwärts (bei der Kreuzung links) zum Reitstall Sitting-Bull-Ranch; Parkplatz ca. 100 m dahinter; bei gut geräumter Straße ca. 1 km weiter bis zum Wegweiser „Zwischenkofel", wo sich ein kleiner Parkplatz befindet; in diesem Fall verkürzt sich der Anstieg um 30 Minuten

Mapgraphic-Wanderkarte 21 (1:25.000)

🍴 **Pizzeria Fornata** in Campill: Bruschette den ganzen Tag über, Pizza am Abend, Mittwoch Ruhetag, Tel. 0474 590015

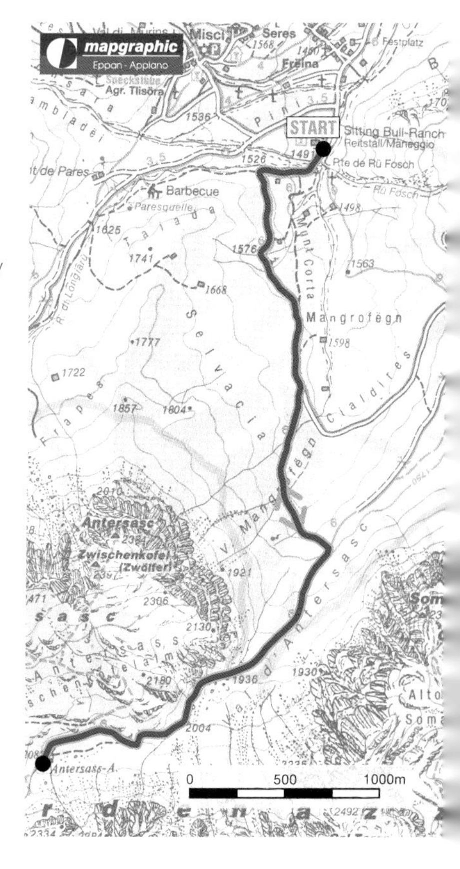

42 ZUM KREUZJÖCHL

Zwischen dem Peitlerkofel, dem nördlichsten Dolomitengipfel, und der Puezgruppe liegt das Kreuzjöchl, einst ein viel begangener Übergang vom ladinischen Gadertal ins Villnösstal. Der Aufstieg von der Gadertaler Seite führt durch eine bezaubernde Landschaft, geprägt von weiten Wiesen mit vereinzelten Almhütten und eingerahmt von prächtigen Gipfeln.

Vom Parkplatz im Talschluss des Campilltals (1537 m) nehmen wir die Forststraße, die üblicherweise als leichte Rodelbahn präpariert ist. Auf ihr kommen wir rasch voran. Wir lassen das Gehöft Pares (1615 m) hinter uns und erreichen schließlich einen haushohen Felsblock an der Straße. Hier verlassen wir den breiten Weg und schlagen den rot-weiß mit 5 markierten Steig nach rechts ein. Über Wiesen, durch Zirbenwald, an Almhütten vorbei, geht's gemächlich bergauf. In 2000 m Höhe angelangt, bleiben die Bäume zurück und es öffnet sich eine weite Almlandschaft. Nun zieht sich der Weg entlang einem Geländerücken nach oben. Kurz vor der Scharte steigt die Aufstiegsspur kräftig an, rechter Hand liegt am Fuße der schroffen Medalgeshänge die im Sommer geöffnete Furkelalm (ladinisch: Medalges-Alm); das Jöchl versteckt sich südwestlich von ihr hinter einer Mulde. In 2½–3 Stunden ab Start stehen wir auf dem Kreuzjöchl (2293 m) und treffen dort – wie der Name verspricht – auf ein schönes Wegkreuz und eine Vielzahl an Wegweisern. Überraschende Ausblicke zur Eisacktaler Seite tun sich auf. Für den Rückweg bietet sich eine Variante an: Bei einer Almhütte auf 2123 m, die markant auf der Kante einer Geländeschulter am Rand der Waldgrenze liegt (von der Aufstiegsspur durch einen kleines Tal getrennt), steigen wir entschieden zwischen verstreut stehenden Bäumen etwa 100 Höhenmeter ab, bis wir auf den mit der Nummer 5A markierten, breiten Weg stoßen, der den Longiarü-Bach entlang talauswärts zum Parkplatz führt.

👁 In der Nähe des Ausgangspunkts liegt der Weiler Seres in der für das Gadertal typischen Siedlungsform: als „Viles". Die auf einer Geländeterrasse gruppierten Bauernhäuser nutzen gemeinsam Innenhof, Brunnen und Backofen, eine einzigartige Form gesellschaftlicher Organisation und Selbstversorgung.

IN KÜRZE

⌛ 5½ Stunden

⟼ 11 km

750 Höhenmeter

mittlere Tour

🚗 Von St. Martin in Thurn ins Campilltal, einem Seitental des Gadertals, bis Campill/Longiarü und weiter bis kurz vor den Weiler Mischi, an den Beginn der Rodelbahn; hier Parkplatz

Mapgraphic-Wanderkarte 21 (1:25.000)

🍴 **Lüch de Vanć:** Gemütliche Einkehr (Agritur, Hofschenke) in Mischi bei Campill (Seres 36), nahe am Startpunkt; getäfelte Stube, ladinisch-Tiroler Hausmannskost, hausgemachter Käse; kein Ruhetag, Tel. 0474 590108, www.vanc.it

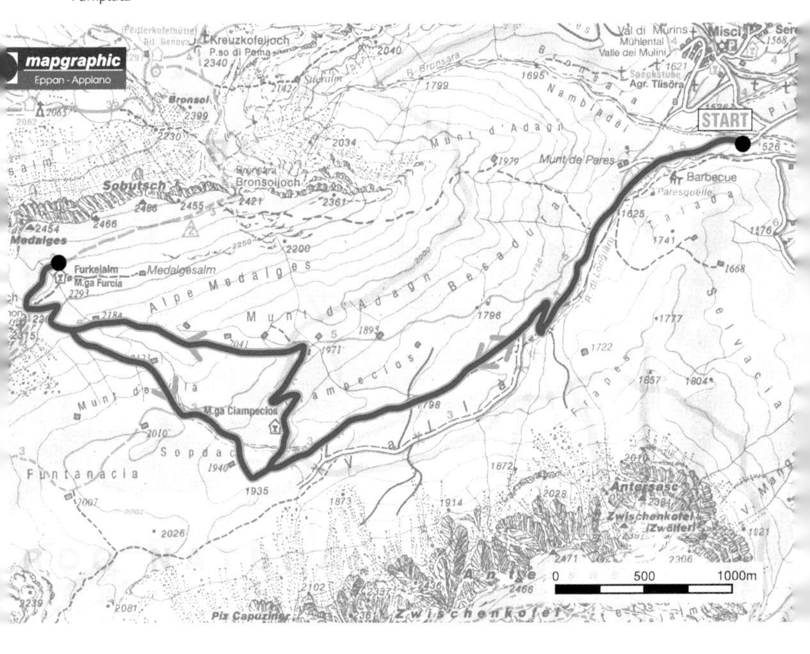

43 AUF DEN MAURERBERG UND DEN KURTATSCHER AM WÜRZJOCH

Im Norden von Peitlerkofel und Aferer Geisler ragt eine Kette flacher Gipfel über die Waldgrenze hervor. Während sich auf den Südwesthängen auf der Plose ein stattliches Skigebiet entwickelt hat, sind die baumfreien Almen und Bergrücken gegen das Gader- und Pustertal hin noch relativ unberührt und somit ideale Ziele für Schneeschuhwanderer.

Wir stellen hier zwei kürzere, aber überaus lohnende Touren im Bereich des Würzjochs vor. Die erste bringt uns auf den Maurerberg. Ausgangspunkt ist der Parkplatz „Geweihte Wasser" (1858 m) kurz nach dem Pass, auf Gadertaler Seite. Ein Forstweg (Nr. 1) führt zuerst eben ostwärts in den Lärchenwald, steigt nun allmählich und führt in Kehren nach einer Stunde über die Baumgrenze hinaus zur Maurerberghütte (2132 m, Winterruhe). Einst stand hier die Bergstation eines Skilifts, Trasse und Pisten sind noch zu erkennen. Über den baumfreien Rücken geht der Weg zuerst zum Alfreider Joch und anschließend fast eben auf den Gipfel (2332 m) mit einer prächtigen Rundumsicht. Für den Rückweg gehen wir ab dem Alfreider Joch westwärts am Wiesenrand in einem Bogen zur Pecol-Hütte (Winterruhe) und auf Weg Nr. 2 zum Parkplatz zurück.

Eine zweite kurze Runde führt vom Würzjoch in einer halben Stunde weglos in nordwestlicher Richtung auf den baumfreien niederen Buckel, den „Kurtatscher" (2120 m), der das Würzjoch im Nordwesten überragt. Trotz der geringen Höhe bietet er eine tolle Aussicht, ein Aha-Erlebnis für Einsteiger! Für den Abstieg gehen wir in nordwestlicher Richtung 10 Minuten bis zum Waldanfang, dort stoßen wir auf einen Forstweg, der zum Parkplatz „Geweihte Wasser" führt. Der Wanderweg Nr. 1 bringt uns in 30 Minuten wieder zum Würzjoch zurück.

IN KÜRZE

⌛ Maurerberg: 3½–4 Stunden

↦ 9,6 km

530 Höhenmeter

leichte Tour

Vom Gadertal über St. Martin in Thurn nach Antermoia und weiter zum Parkplatz „Geweihte Wasser" ca. 1 km vor dem Würzjoch

⌛ Kurtatscher: ca. 1½ Stunden

↦ 5,8 km

290 Höhenmeter

sehr leichte Tour

Vom Gadertal über St. Martin in Thurn nach Antermoia und weiter zum Parkplatz am Würzjoch

Mapgraphic-Wanderkarte 21 (1:25.000)

Ütia de Börz: Berggasthof, Unterkunft in komfortablen Zimmern, Schneeschuhverleih, Tourenauskunft, kein Ruhetag, Tel. 0474 52 00 66, Handy: 348 7019231, www.wuerzjoch.com

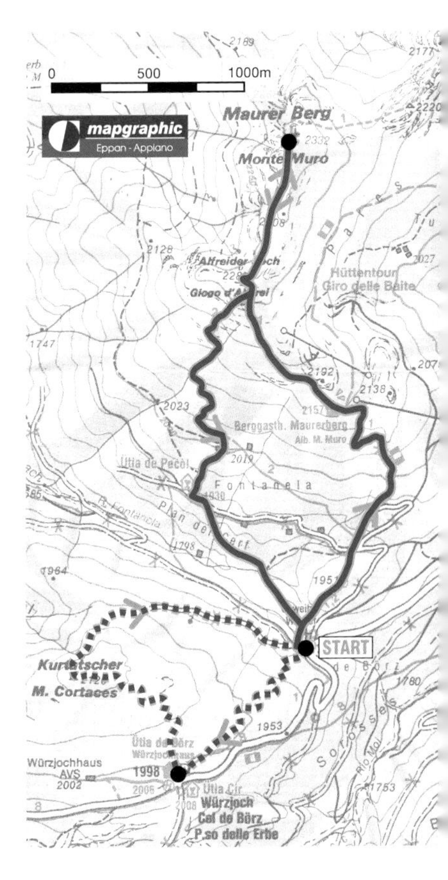

44 AUF DEN CAMPILL-BERG

In einem Seitental östlich von Brixen versteckt sich das Dorf Lüsen. In seinem Rücken erhebt sich ein Kranz relativ niederer Berge, die Lüsen vom Pustertal und dem äußeren Gadertal trennen. Einer dieser Buckel ist der 2190 m hohe Campill-Berg.

Ein paar Höfe und Neubauten scharen sich im Örtchen Flitt (1337 m), ganz hinten im Lüsental, um ein Kirchlein. Noch wenige Kehren, dann sind wir in Oberflitt, am Winterparkplatz (1620 m), angelangt. Über die Rodelbahn steigen wir auf, der Weg (Nr. 2) tritt aus dem Wald und wir wandern in östlicher Richtung am Wiesenrand zur Großen Kaneider Alm (nur im Sommer bewirtschaftet; in den Karten auch als Genaider Alm). Nach der Alm nehmen wir nicht den markierten Sommerweg durch eine Zaunlücke (Schild „Jakobstöckl"), sondern wandern eben bzw. leicht abwärts, einer alten Markierung und einem Almweg folgend, hinunter zum Bachgrund. Dann an zwei Almhütten vorbei und die letzten 100 Höhenmeter hinauf zur Astalm mit dem Jakobstöckl (2026 m), einer kleinen Wegkapelle am historischen Übergang ins Gadertal. Hier öffnet sich ein wunderbarer Ausblick zu den Dolomiten! Nun auf dem flachen Kamm in nördlicher Richtung hinauf zur Gipfelkuppe des Campill-Bergs, auch Hörschwanger Kreuz genannt, auf 2190 m. Grandiose Rundsicht! Von hier steuern wir auf

eine Senke im Nordwesten zu und folgen der Markierung 10 und später 12A zur gemütlichen und bewirtschafteten Kreuzwiesenhütte, eine Pause mit Stärkung ist hier Pflicht! Anschließend nehmen wir nicht die Rodelbahn, sondern den parallel dazu verlaufenden Steig Nr. 2, der uns durch den Wald zum Parkplatz zurückbringt.

☞ Auf den Almwiesen laden mehrere Holzhütten zu einer Rast im Freien ein. Eine Stärkung aus dem Rucksack schmeckt oft besser als ein Menü im Gasthaus!

IN KÜRZE

⌛ Insgesamt 4–5 Stunden (Parkplatz – Jakobstöckl ca. 2 Stunden, Jakobstöckl – Kreuzwiesenhütte ca. 1 Stunde 40 Minuten, Kreuzwiesenhütte – Parkplatz ca. 1 Stunde)

⟼ 10,6 km

655 Höhenmeter

mittlere Tour

Von Brixen nach Lüsen und von dort 4 km weiter, durch den Weiler Rungg, nach Oberflitt (1620 m)

Mapgraphic-Wanderkarte 12 (1:25.000)

Kreuzwiesenhütte: Große, neue, rustikale Berghütte, Hofkäserei, Hausmannnskost, Zimmer, Sauna, Tel. 0472 413 714, Handy: 333 7484880, www.kreuzwiesenalm.com

Lüsnerhof: Komfortables Berghotel, im Winter ganz auf Schneeschuhwanderer eingestellt, Restaurant, Konditorei, Café, Tel. 0472 413633, www.naturhotel.it

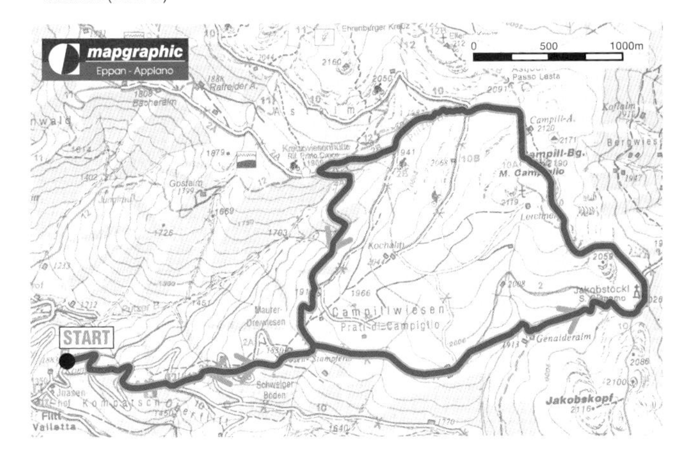

45 : ZUM STOANAMANDL BEI SPINGES

Die hohen Pfunderer Berge laufen bei Spinges in einem sanften Rücken nach Süden aus. Aus den Wäldern und den höher gelegenen schütteren Lärchenwiesen ragt ein Buckel hervor: das 2118 m hohe Stoanamandl, ein wegen seiner grandiosen Aussicht lohnendes Ziel.

Spinges liegt auf einer sonnigen Terrasse im Norden von Brixen. Ausgangspunkt dieser Wanderung ist der Parkplatz beim Wetterkreuz oberhalb des Dorfs auf 1357 m. Hier beginnt ein breiter Waldweg, der im Winter als zahme Rodelbahn dient und zur bewirtschafteten Anratterhütte führen würde. Der für den Fahrzeugverkehr gesperrte Weg (rot-weiß und mit 9 markiert) geht durch dichten Fichtenwald. Nach der Juzbrücke (1578 m), nach einer guten halben Stunde, biegen wir auf einem markierten Weg (Schilder „Altes Karl", „Stoanamandl", „Villa Defregger", Nr. 1) nach Nordwesten ab. Wir halten uns auf dem Kammrücken und wandern, vorbei an mehreren Almhütten, über die lichten Lärchenwiesen von Hochkasern (1735 m). Bis hierher vom Parkplatz ca. 1 Stunde Gehzeit. Der Weg führt mäßig steigend weiter aufwärts zu einer Lichtung mit dem Tonich-Bildstock. Nun geht's auf der Ostseite der Kuppe „Altes Karl" unmerklich abwärts und auf den Jöchlboden (1980 m) zu, wo ein hölzerner Bildstock und eine Bank stehen. Die Hubertusstatue und die über hundert Jahre alten Inschriften weisen den Bildstock als eine Gedenkstätte für Jäger aus. Die letzten 120 Höhenmeter auf das nahe Stoanamandl (2118 m), von dem schon das große Gipfelkreuz herüberwinkt, sind in 20 Minuten überwunden. Die Mühen des Aufstiegs werden mit einer überwältigenden Rundsicht belohnt.
In einer knappen halben Stunde steigen wir vom Gipfel nordwärts (den steilen Osthang meiden!) zur Anratterhütte (1814 m) ab und sind nun mittendrin im Trubel der Wintersportler vom Skigebiet Jochtal. Auf der Rodelbahn zurück zum Wetterkreuz. Wer der Hektik ausweichen will, steigt vom Gipfel über einen Rücken auf der linken Seite eines kleinen Tals direkt zur Straße ab, die in knappen 2 Stunden zum Ausgangspunkt zurückführt.
👁 In den Jahren von 1880 bis 1911 ließ der österreichische Maler Franz von Defregger oberhalb von Spinges, in 1735 m Höhe, gleich

drei Häuser bauen: eines für sich, um hier seiner Jagdleidenschaft zu frönen, und je eines für seine beiden Söhne. Die nach ihnen benannten Gebäude, das Robert- und das Hanneshaus, werden noch heute von den in München lebenden Nachkommen als Ferienhäuser genutzt (Kartenbezeichnung: Villa Defregger).

IN KÜRZE

⌛ 4–5 Stunden

↦ 12,8 km

ca. 750 Höhenmeter

leichte bis mittlere Tour ohne Querungen oder steile Aufstiege

Von Aicha nach Spinges und vorbei am Dorf zum Wetterkreuz auf 1357 m; ab Aicha 3 km

Mapgraphic-Wanderkarte 33 (1:25.000)

Anratterhütte: Viel besuchte Einkehr für die Skifahrer vom Skigebiet Jochtal, kein Ruhetag, Tel. 0472 849574, www.anratterhof.info

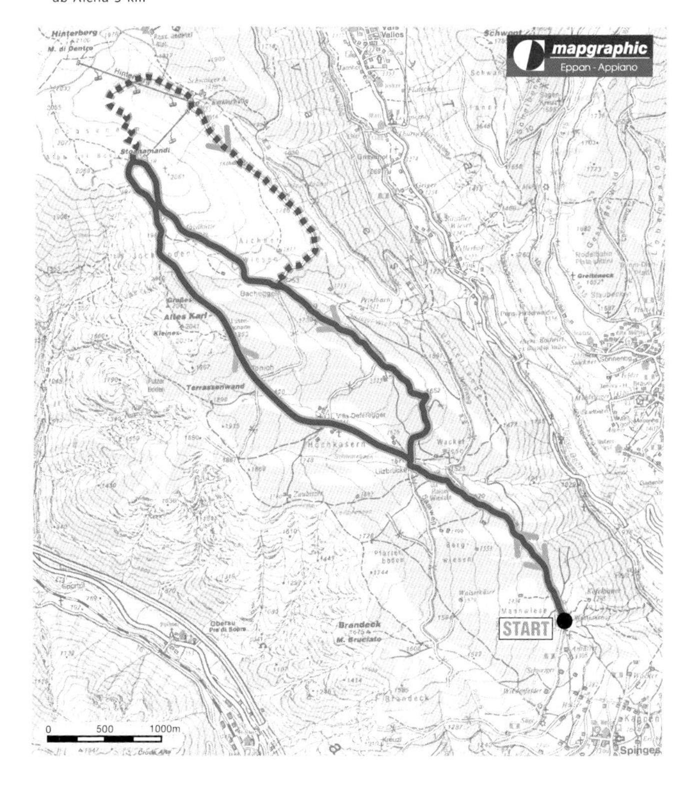

46 ZUR ÄUSSEREN WUMBLSALM IN RATSCHINGS

Ratschings besitzt ein bekanntes Skigebiet, das sich auf den weiten Almen unterhalb der Berge, die das Ratschingser- vom Passeiertal trennen, Richtung Jaufenpass hinzieht. In der Nähe des Skigebiets und doch fern vom Trubel der Skipisten liegt das Ziel dieser Wanderung.

Am westlichen Ende des Parkplatzes beim Skigebiet von Bichl-Ratschings führt eine Autostraße in den Wald, bereits nach 50 m, in der ersten Kurve, nimmt die Tour ihren Anfang. Der markierte Steig (Nr. 15, „Äußere und Innere Wumblsalm") führt schmal und steil in den Wald, quert einen abschüssigen Hang und auf einer kleinen Brücke ein Bächlein und zieht sich dann durch hellen Nadelmischwald im Zickzack am Rand eines Tälchens bergauf. Der Weg wird auch von Skitourengehern benutzt, die zu den Gipfeln des Saxner und Fleckner aufsteigen. Nach einer Dreiviertelstunde treffen wir auf die Kehre eines Forstwegs, die Markierung weist uns den Weg daran vorbei weiter aufwärts. Durch eine Waldschneise gelangen wir auf die weiten Wiesen der Kaserlicht-Alm (1717 m), ein im Winter verlassenes malerisches kleines Almdorf (1 Stunde 20 Minuten ab Bichl). Auf einer Bank vor einer der Hütten machen wir eine Teepause und genießen den Ausblick übers Tal und die umliegenden Berge. Wir überqueren den Weg hinter den Hütten und steigen weiter im Wald auf, nach einer guten halben Stunde geht der Steig in freies Gelände über, bald danach tauchen die Gebäude der Äußeren Wumblsalm auf (ca. 2 Stunden ab Bichl).
☞ Wer nicht denselben Weg zurückgehen möchte, für den gibt es zwei Varianten: Abstieg über den breiten Alm-Zufahrtsweg, der bei der Waldhütte-Alm ostwärts biegt und bei der oben genannten Kehre auf die Aufstiegsspur stößt. Wen der Skibetrieb nicht stört, der wandert ein Stück auf der Aufstiegsspur zurück und gelangt am Waldrand entlang in südlicher Richtung zur Saxnerhütte (45 Minuten ab Wumblsalm, Weg 19/A). Das Berggasthaus am Rand des Skigebiets ist

ein beliebter Treffpunkt für einen Einkehrschwung. Direkt unterhalb der Hütte, am Waldrand, bei einem kleinen Holzhäuschen, geht Steig 15B steil durch den Wald zur Kaserlicht-Alm und über den Aufstiegsweg weiter nach Bichl zurück. Wer mit der Umlaufbahn ins Tal fahren möchte, geht von der Saxnerhütte über einen ebenen Fußweg, z. T. am Pistenrand entlang, zum Bergrestaurant Rinneralm an der Bergstation der Bahn (20 Minuten).

IN KÜRZE

ca. 4 Stunden

9 km

600 Höhenmeter

mittlere Tour, sehr schneesicher

Nach Ratschings, 100 m nach der Talstation der Umlaufbahn Parkplatz; hier führt eine Teerstraße aufwärts in den Wald, an der ersten Kurve beginnt die Tour.

Mapgraphic-Wanderkarte 30 (1:25.000)

Saxnerhütte: Berggasthaus im Skigebiet, Grill im Freien, geschützte Sonnenterrasse, Tel. 0472 756613

Im Tal: Lohnender kurzer Abstecher zum Berghotel Larchhof, 1 km weiter talwärts nach der Talstation der Liftanlagen: Gemütliche holzgetäfelte Bauernstube, Sonnenterrasse, warme Küche auch am Nachmittag, Tel. 0472 659148, www.larchhof.com

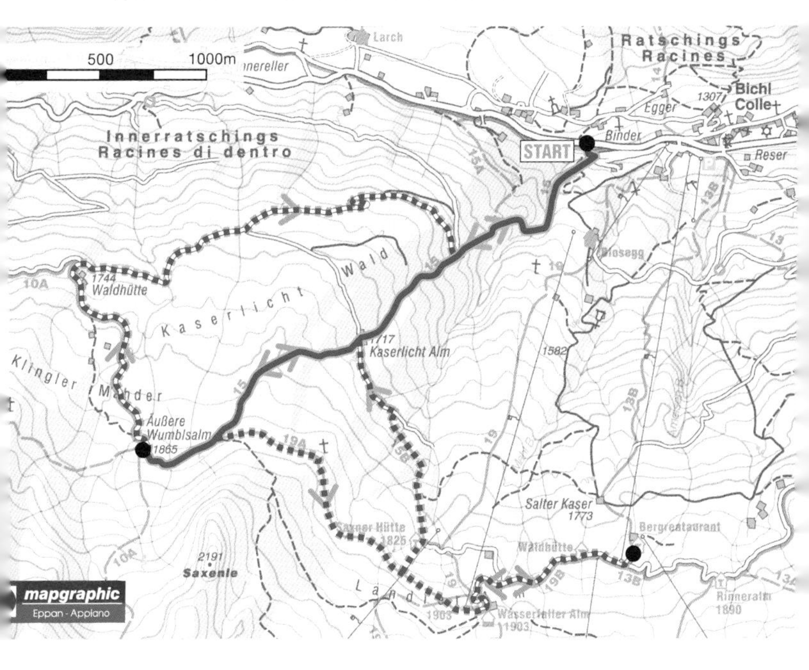

47 AUF DEN SATTELBERG

Unmittelbar oberhalb des Brenners liegt ein idealer Wanderberg für Einsteiger und Familien. Mit der den ganzen Winter geöffneten Sattelbergalm ist der gleichnamige Berg zu einem beliebten Tummelplatz für Schneeschuhwanderer geworden. Vom Sattelberg hat man einen famosen Weitblick – bis zu den Gipfeln der Nordkette oberhalb von Innsbruck.

Vom Parkplatz direkt unter der Autobahnbrücke wandern wir Richtung Südosten, an einem Bauernhof vorbei, über die Waldschneise einer ehemaligen Skipiste aufwärts. Zwischendurch über einen Hohlweg oder immer über die Wiesenhänge geht es gemütlich empor. Nach etwa einer Stunde weiten sich die Wiesen und wir nähern uns der Sattelbergalm, die auf einer flachen Wiesenmulde liegt. Früher gab es hier ein beliebtes Familienskigebiet, doch inzwischen sind alle Liftanlagen verschwunden und die Sattelbergalm ist ein besonderer Treffpunkt für Schneeschuhwanderer und Skitourengeher geworden. Wer will, kann hier bereits Rast machen, doch empfiehlt sich der Aufstieg zum Gipfel des Sattelbergs. Von der Alm wandern wir entweder Richtung Westen über die Wiesen gerade aufwärts Richtung Gipfel, oder wir halten uns 100 m ober der Alm in südliche Richtung links über den Jubiläumssteig. Entlang der Grenze Südtirol/Nordtirol steigen wir dann westwärts über den Weg Nr. 80 in ca. 1 Stunde aufwärts bis zum 2113 m hohen Gipfel des Sattelbergs. Hier genießen wir die Grenzluft und den Blick in die Tiroler Bergwelt. Als Schneeschuhwanderer hoffen wir, dass das Megaprojekt der Windräder hier nicht verwirklicht wird. Wer Lust hat, kann über den Grenzkamm bis zum Steinjoch weiterwandern und sich über diese einzigartige Landschaft freuen. Rückweg über die Aufstiegsspur.

👁 Eine attraktive Variante mit etwas steilerem Aufstieg bietet sich direkt von Brenner Dorf (1370 m) aus an. Wir parken am südlichen Dorfende und steigen über den markierten Weg Nr. 1 über abschüssige Hänge empor bis zur ersten Hochfläche. Von dort halten wir uns rechts über Wiesen und Waldgelände. Über den Bach vom Eisack-Ursprung Richtung Norden zum Kerschbaumerberg (1708 m) und bald über einen Forstweg und den Jubiläumssteig weiter bis zur Sattelbergalm. Abstieg über die Aufstiegsroute oder als Überschreitung nach Gries am Brenner.

IN KÜRZE

⌛ 4 Stunden

↦ 4 km

870 Höhenmeter

leichte Tour

Mit dem Auto bis Gries am Brenner, dort abbiegen ins Obernberger Tal; kurz nach dem Dorfende links oben großer, gebührenpflichtiger Parkplatz

Diese Tour ist als Variante auch für Zugfahrer mit Start am Brenner empfehlenswert.

Kompass-Wanderkarte Nr. 44 (1:50.000) und Nr. 36 (1:50.000)

Sattelbergalm: Besonders empfehlenswert: die Gulaschsuppe und verschiedene Kuchen, Tel. +43 (0)5274 87717, Handy +43 (0)664 2108273, www.sattelbergalm.com

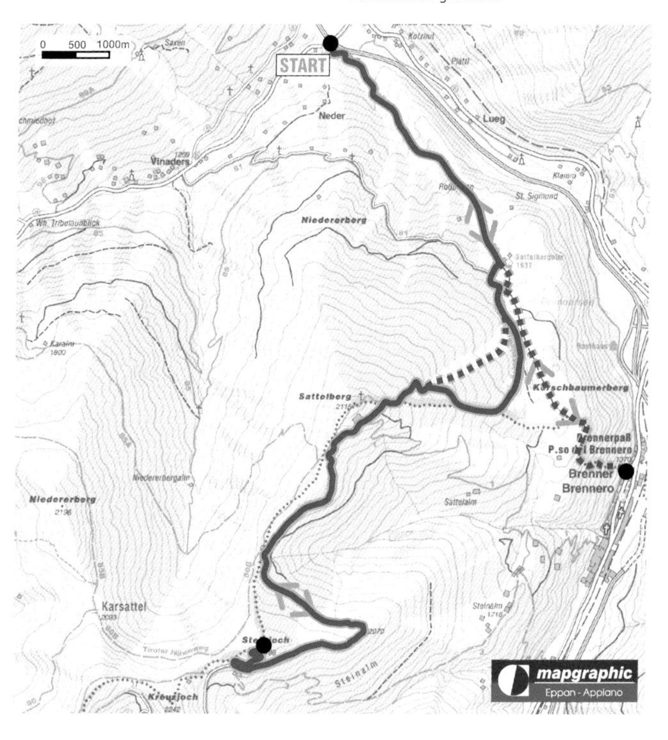

48 AUFS GLEINSER JÖCHL BEI MARIA WALDRAST

Wallfahrten in den Wintermonaten, mit den leichten Schneeschuhen, kann ein besonders wertvolles Erlebnis sein. Durch die Stille einer mystischen Winterlandschaft öffnen sich Herz und Seele. Der Wallfahrtsort Maria Waldrast oberhalb von Matrei am Übergang ins Stubaital ist jedenfalls eines der ganz lohnenden Wallfahrtsziele für Schneeschuhwanderer. Die Serles, der „Altar Tirols", bietet die fantastische Kulisse für diese Rundwanderung.

Die Wanderung führt durch eine meist schneereiche Wald-und-Wiesen-Landschaft. Wir starten in Maria Waldrast – neben der Kirche befindet sich die berühmte Quelle mit dem angeblich rechtsgedrehten hervorragenden Wasser – und wandern direkt vom Parkplatz über die Wiesen in östliche Richtung leicht aufwärts in den Wald hinein, dann immer eben oder ganz leicht aufwärts durch den teils dichten Wald ca. 1 Stunde Richtung Osten, bis wir auf die Lichtungen und Wiesen der Gleinser Mähder kommen, dort links zum Gleinser Steig und nochmals links (Richtung Serles) auf markiertem Weg weiter bis zum höchsten Punkt, dem Waldgipfel des 1878 m hohen Gleinser Jöchls, auch Waldraster Jöchl genannt.
Eine lohnenswerte Variante bietet die Wanderung vom Gleinser Jöchl Richtung Osten über die sogenannten Eulenwiesen bis zum Weiler Gleins oberhalb der Mautstelle Schönberg mit einer Einkehr im Familiengasthaus Gleinser Hof, das aufgrund seiner gutbürgerliche Küche eine beliebte Einkehr ist. Die Eulenwiesen sind ein besonderes Idyll und wegen der schönen Ausblicke in die Bergwelt rund um Innsbruck – zur Nordkette und zum Patscherkofel – eine Genusswanderung für Schneeschuhwanderer. Zurück geht's auf dem Aufstiegsweg oder vom Gleinser Jöchl durch steilen Wald zur Auffindungskapelle und über die Wiesen hinunter nach Maria Waldrast.

IN KÜRZE

⌛ 2 Stunden

⟼ 3 km

300 Höhenmeter

leichte Tour; mit Eulenwiesen/Gleins insgesamt 5 Stunden

Mit dem Auto bis Matrei und von dort über die Mautstraße (im Winter Kettenpflicht) bis Maria Waldrast; oder mit dem Zug bis Matrei und von dort mit Waldrasttaxi Mair weiter, Tel. +43 (0)5273 6225

Kompass-Wanderkarte Nr. 36 (1:50.000)

Gasthaus Maria Waldrast: Besonders empfehlenswert das Beuschl und der Schweinsbraten; Tel. +43 (0)5273 6219, www.mariawaldrast.eu

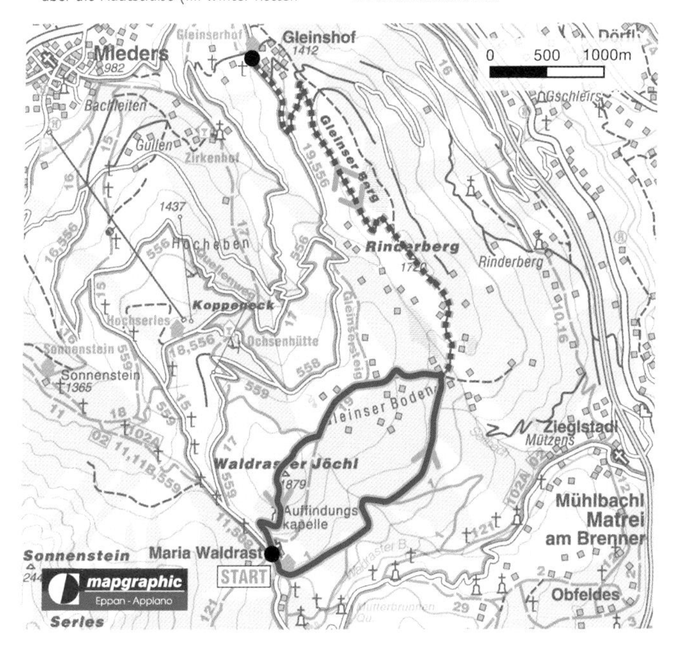

49 AM JOCH BEI TERENTEN

Bei Terenten schieben sich die letzten Ausläufer der Pfunderer Berge zur Sonnenterrasse von Terenten und Pfalzen vor. „Am Joch" heißt einer dieser zahmen Gipfel, obwohl er ein Berg und kein Übergang ist.

Oberhalb des letzten Bauernhofs, Nunewieser, ist ein Parkplatz angelegt und es beginnt eine Forststraße. Wer den Weg etwas abkürzen will, nimmt den alten Saumweg, der mehrmals die Serpentinen der weniger steilen Forststraße abschneidet. Nach knapp 1 Stunde erreichen wir das Wiesenplateau mit der Unteren Pertinger Alm (1861 m), die auch im Winter an den Wochenenden bewirtschaftet ist. Über Wiesen, später durch schütteren Lärchen- und Zirbenwald, geht es hinauf zu einem Wetterkreuz, das exponiert auf einem Hügel neben der Oberen Pertinger Alm (2070 m, Winterruhe) steht. Auf einer Bank unter dem Kreuz ist Zeit für die erste Rast und für den Genuss des grandiosen Panoramas. Auf der Kante steigen wir dann stets mäßig steigend bergan. Vorbei an einem markanten „Steinmandl" geht's zum Gipfel (2404 m) mit seinem geschmiedeten Kreuz. Der Ausblick von hier oben übertrifft noch das Panorama, das sich vom Wetterkreuz aus eröffnet hat: Gegenüber, im Süden, liegt die Rodenecker Alm mit dem flachen Astjoch, dahinter ragen Plose, Gabler und Peitlerkofel in den Himmel, im Osten reiht sich ein Dolomitengipfel an den anderen. Im Westen und Norden schließen die Eidechsspitze und der Mutenock den Horizont ab. Der Abstieg folgt der Aufstiegsroute (die steilen Osthänge meiden!).

☞ Auf dem Rückweg kann man sich bei der Unteren Pertinger Alm eine Rodel ausleihen, zum Nunewieser hinabsausen und sie dort wieder abgeben.

👁 Oberhalb vom Nunewieser, am alten Saumweg, liegt in einer Waldschneise ein riesiger Felsblock, den die Gletscher beim Abschmelzen zurückgelassen haben. Über diesen Felsen, im Volksmund Teufelsstein genannt, erzählt man sich folgende Sage: Der Teufel wollte damit das Dorf Mühlwald zerstören und trug ihn durch die Lüfte. Doch gerade als er über Terenten flog, begannen die Kirchenglocken zu läuten. Da verließen den Teufel die Kräfte und er musste den Stein fallen lassen.

IN KÜRZE

⌛ Aufstieg ca. 2½ Stunden, Abstieg ca. 2 Stunden

↦ 10,7 km

ca. 870 Höhenmeter

mittlere Tour

🚗 Östlich von Terenten zweigt von der Hauptstraße ein 3 km langer, beschilderter Weg zu den letzten Höfen am Waldrand ab; hinter dem Nunewieser, einem ehemaligen Ausflugslokal, Parkmöglichkeiten

Mapgraphic-Wanderkarte 15 (1:25.000)

🍴 **Pertinger Alm:** Urige Almhütte, Hausmannskost, selbst angesetzte Schnäpse, Rodelverleih, im Winter nur an den Wochenenden bewirtschaftet, Tel. 348 9054028, www.pertingeralm.it

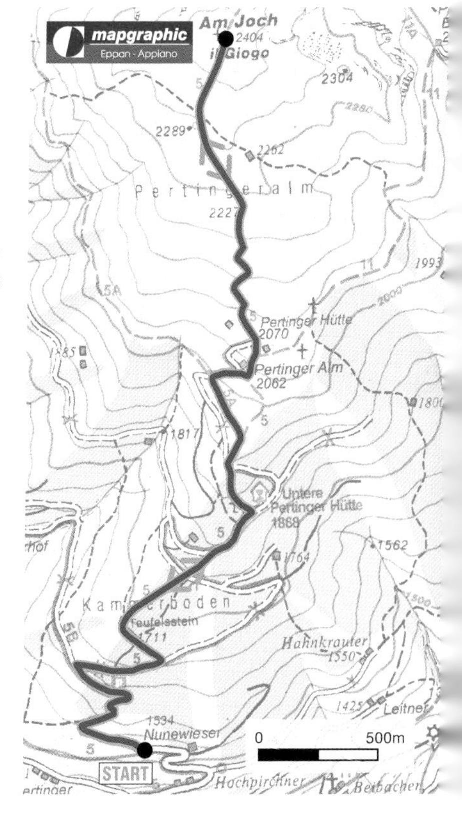

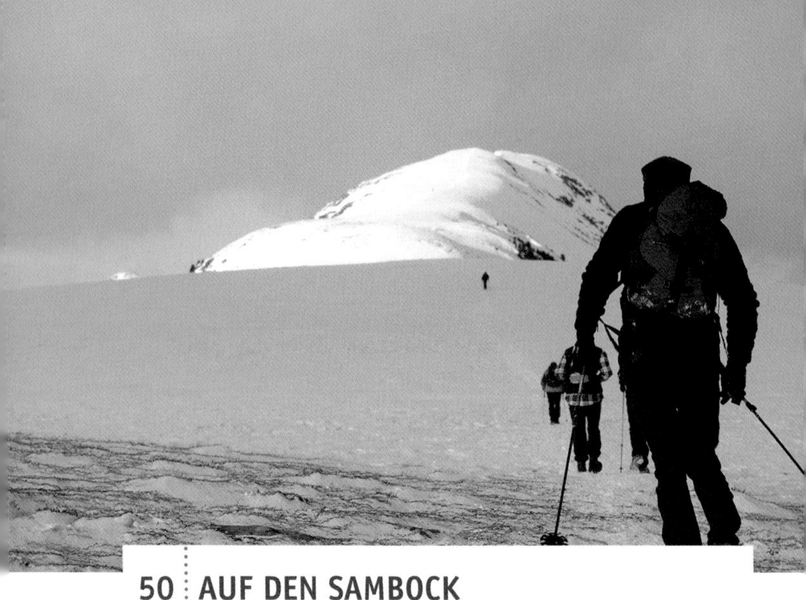

50 AUF DEN SAMBOCK

Dort, wo das Tauferer Ahrntal bei Bruneck „um die Ecke" biegt und ins Pustertal mündet, liegt der Sambock, der Hausberg der Pfalzner. Der lang gezogene, schneebedeckte Bergrücken erhebt sich aus den grünen Wäldern und ist ein leichtes und lohnendes Ziel für Schneeschuhwanderer.

Der Tierstallerhof auf 1638 m, hinter dem Hof Lechner im Weiler Platten oberhalb von Pfalzen, dient als Ausgangspunkt der Tour. Der mit 66A rot-weiß markierte Weg steigt mäßig bergan, über eine Weide geht's zum Waldrand und weiter – teils einen alten Saumpfad, teils einen Forstweg entlang – durch schütteren Fichten- und Lärchenwald. Der Weg quert dabei den Bergfuß des Sambock in West-Ost-Richtung. Nach knapp einer Stunde treffen wir in einer Waldlichtung auf die Jägerhütte (1962 m, nicht bewirtschaftet). Die Einheimischen und die Wanderkarten kennen diesen Ort auch unter dem Begriff „Stockpfarrer". Ab hier geht's über Lichtungen und Wiesen mäßig steil empor, immer auf den höchsten Punkt zusteuernd. Wir sind nun auf dem Pfunderer Höhenweg, mit rotem Punkt auf weißer Scheibe gekennzeichnet. Meist finden sich Spuren von Skitourengehern, für die der Sambock eine leichte Übung ist. Nach Überwindung der Steilstufe von 200 Höhenmetern (auf diesem Abschnitt bei viel Neuschnee die gebotene Vorsicht walten lassen!) sind wir auf einem baumlosen Almgelände angelangt: Auf der Platten (2175 m) heißt das Gebiet, und es bietet eine wunderbare Rundsicht! Ab hier auf dem Kamm in sanfter Steigung hinauf zum Gipfel des Sambock (2398 m), mit Gipfelkreuz und unvergleichlicher Aussicht: Der Blick umfasst sowohl die

Sarntaler Alpen als auch die Osttiroler und die Zillertaler Alpen, Rieserferner und Dolomiten. Der Abstieg erfolgt auf dem Anstiegsweg.

IN KÜRZE

⌛ Aufstieg 2½–3 Stunden, Abstieg ca. 2 Stunden

↦ 8,2 km

ca. 750 Höhenmeter

leichte Tour, problemlose Orientierung

Ab Pfalzen 7 km auf breiter Teerstraße zum Lechner im Weiler Platten (beschildert); Parkmöglichkeit oberhalb des Hofs

Mapgraphic-Wanderkarte 15 (1:25.000)

Pizza Pazza – Sportbar Pfalzen: Pizzeria, kein Ruhetag, Tel. 0474 529129

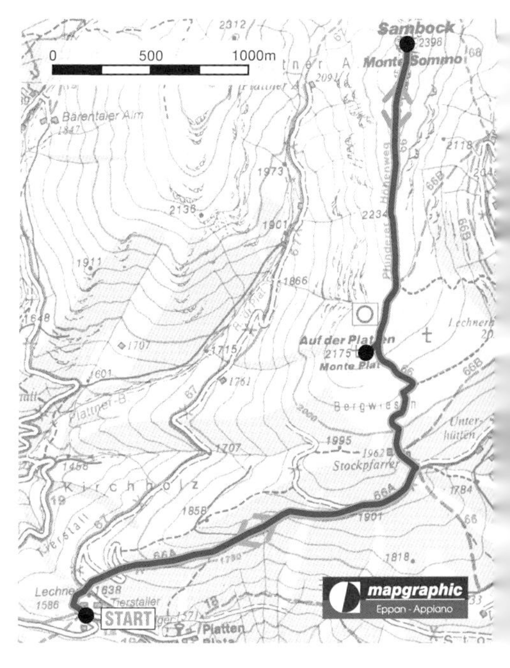

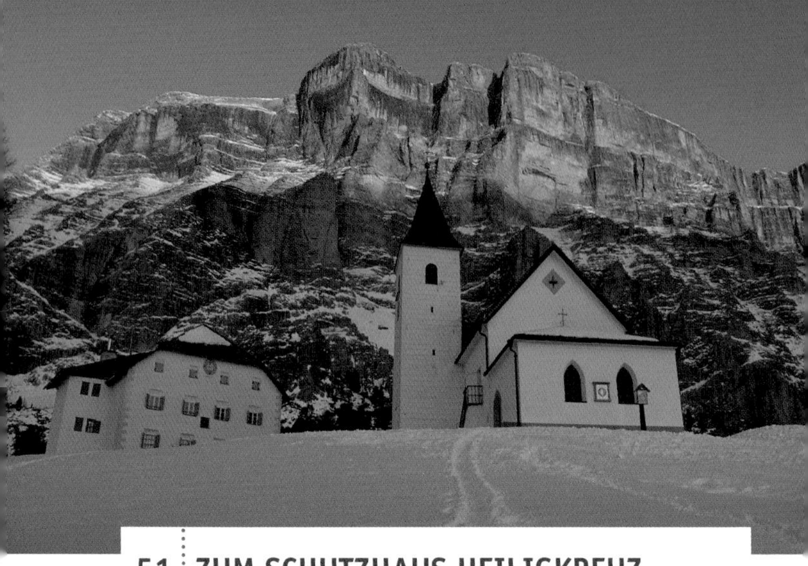

51 : ZUM SCHUTZHAUS HEILIGKREUZ

Das Gadertal wird im Osten vom mächtigen Heiligkreuzkofel mit seinen im Sonnenlicht gelblich leuchtenden, senkrechten Dolomitwänden beherrscht. Auf der Alm am Fuße des Gipfels liegt wohl einer der schönsten Plätze Südtirols, das Wallfahrtskirchlein zum hl. Kreuz mit Hospiz und Gasthaus. Die hier vorgeschlagene Wanderroute führt von Wengen zu dem 1718 erbauten Schutzhaus, in das seit jeher Pilger und Wallfahrer einkehren.

Die Tour beginnt am Parkplatz oberhalb von Specia (1635 m), der breite Weg zieht sich über die Wiesen ostwärts und folgt dann dem Tal, das sich vom Antoniusjoch und den Fanes herabzieht; er ist zuerst mit 15 und dann mit 13A markiert. Nach einer halben Stunde Gehzeit schlagen wir den Steig 15B ein, der sich nun nach Süden wendet und am Waldrand, am Fuße der steil abfallenden Felswände von Neuner, Zehner und Heiligkreuzkofel, bis zur Heiligkreuz-Hütte hinzieht (ab Abzweigung ca. 2 Stunden). Kurz vor der Hütte, wir sind bereits in Sichtweite, steigen wir auf die Armentara-Wiesen ab und vermeiden die Querung eines Steilhangs auf dem Sommerweg. Auch wenn der Weg nicht gespurt sein sollte, gelingt die Orientierung mühelos: einfach immer im offenen Gelände zwischen Felswand und Wald bleiben. Nach 2 Stunden stehen wir vor dem Wallfahrtskirchlein und dem Schutzhaus Heiligkreuz (2040 m). Vom Tal, von St. Leonhard her, bringt ein Sessellift die Wintersportler in die Höhe, einsam ist es hier nur auf den Fußwegen! Einmalig aber ist auf jeden Fall die Aussicht zur Marmolada, der 3343 m hohen Königin der Dolomiten. Für den Rückweg nehmen wir den als Winterwanderweg gespurten Weg

Nr. 15 über die Armentara-Wiesen, er bringt uns wieder an den Ausgangspunkt zurück.

👁 Die Heiligkreuz-Kirche war und ist ein viel besuchter Wallfahrtsort. Die Kreuzwegstationen am Wegrand und die unzähligen Votivbilder im Kircheninnern zeugen von der Volksfrömmigkeit. Beeindruckend ist, dass man vor über 500 Jahren in dieser schwer zugänglichen Höhe eine so stattliche Kirche errichtet hat.

IN KÜRZE

⌛ 4–5 Stunden

↦ 12 km

ca. 580 Höhenmeter

mittlere Tour

🚗 Von Pederoa im Gadertal Abzweigung nach Wengen, unterhalb des Dorfs im Talgrund nach Spëscia; zwei Kurven weiter gibt es einen Parkplatz

Mapgraphic-Wanderkarte 21 (1:25.000)

🍴 **Schutzhaus Heiligkreuz:** 300 Jahre altes Hospiz, einst als Unterkunft für die Pilger errichtet, heute ein viel besuchtes Gasthaus; Hausmannskost, alte getäfelte Stube, Sonnenterrasse, kein Ruhetag, Tel. 0471 839632

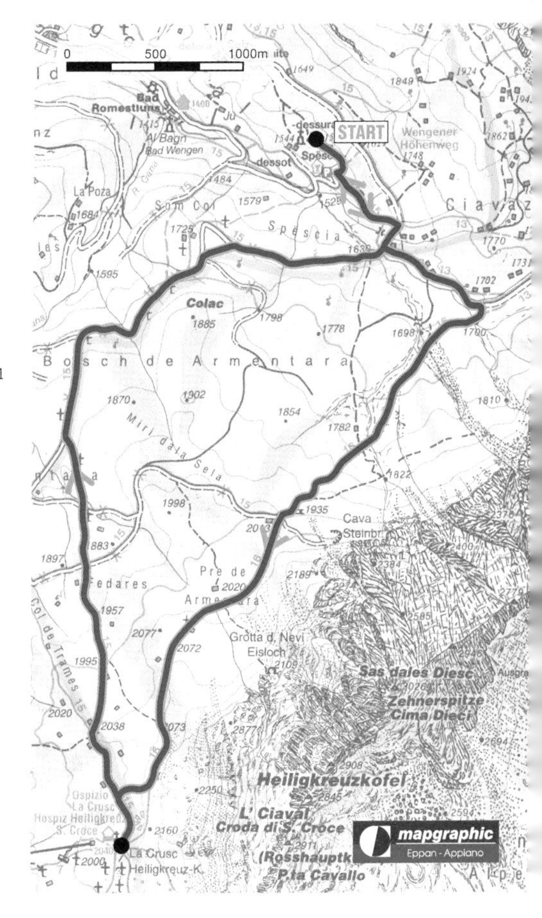

52 AUF DEN STÖRES

Im Talschluss des Gadertals, zwischen der Fanes im Osten und dem Sellastock im Westen, liegt die wellige Hochfläche von Pralongià. Von Piz Sorega bei St. Kassian führt eine leichte und abwechslungsreiche Tour zum Störes, einem der Aussichtspunkte auf dem Höhenrücken.

An der Bergstation der Kabinenbahn auf den Piz Sorega schnallen wir die Schneeschuhe an und schlagen den Winterwanderweg (Nr. 23) ein, der immer in Kammnähe über die Hütte Bioch zur Bergstation der Pralongia-Lifte führt. Wer nicht auf dem präparierten Weg gehen möchte, findet parallel dazu, etwas unterhalb, seine eigene Spur im Schnee, die Orientierung ist kinderleicht, das Ziel meist in Sichtweite. Gemütlich gelangen wir auf eine weite, von Hütten übersäte, fast ebene Hochfläche. Die Aussicht ist grandios: im Hintergrund die Felswand des Conturines (3077 m), im Westen die Gardenaccia-Hochfläche, Sassongher und Sellastock. Wir halten zügig auf den höchsten Punkt der Hochfläche im Südwesten zu, nach etwa 1½ Gehstunden ab Start haben wir unser Ziel, den Störes (2181 m), erreicht. Nun öffnet sich auch der Blick Richtung Süden und Osten, zur mächtigen Marmolada, dem Col di Lana, Monte Sief, Pelmo und Civetta. Der Kammweg ist mit 24 markiert, nach der Gipfelkuppe zweigt Weg Nr. 24A nach Nordosten ab, dabei geht es, zuerst über Almwiesen und später durch Wald, auf einem breiten Forstweg (24A) allmählich bergab. Nach 1 Stunde Gehzeit ab Kamm sind wir am Hotel Gran Ancèi und kurz darauf an der Talstraße bei Armentarola angelangt. Unermüdliche können auf einem Wanderweg talauswärts bis zur Talstation der Umlaufbahn in St. Kassian wandern. Wer's bequemer mag, nimmt den regelmäßig verkehrenden Skibus.

Der Name Armentarola, vom lateinischen Wort „armentum", lässt darauf schließen, dass schon seit langer Zeit Vieh aufgetrieben wird. Eisenöfen (ladinisch „Col ai Furs"), weiter taleinwärts, deutet auf den Erzabbau am Monte Pore und die Schmelzöfen in der Gegend hin. Das Eisen wurde in Piccolein zu Werkzeug und Waffen geschmiedet, die wegen ihrer Qualität geschätzt waren.

IN KÜRZE

⌛ 3 Stunden

⟼ 9,8 km

200 m im Aufstieg, 600 im Abstieg

leichte Tour

In St. Kassian im Gadertal Parkplatz an der Talstation der Bahn Piz Sorega

Mapgraphic-Wanderkarte 21 (1:25.000)

Las Vegas: Ungewöhnliche Berghütte an der Bergstation am Piz Sorega im Stil einer Lodge, raffiniertes Design und Gemütlichkeit, Tel. 0471 849355, www.fanes-group.com

Ütia de Bioch: Großes Restaurant an der Bergstation des Sessellifts „Biok" (2079 m), Hausmannskost und raffinierte Gerichte, kein Ruhetag in der Saison, Tel. 338 4833994, www.bioch.it

Hotel Gran Ancèi: Hotel mit Bar, Restaurant und Sonnenterrasse direkt am Start- und Zielpunkt, Wanderer und Tagesgäste willkommen! Kein Ruhetag, Tel. 0471 849540

Gasthaus Pralongia: Traditionsreicher Berggasthof (2157 m), Tel. 0471 836072

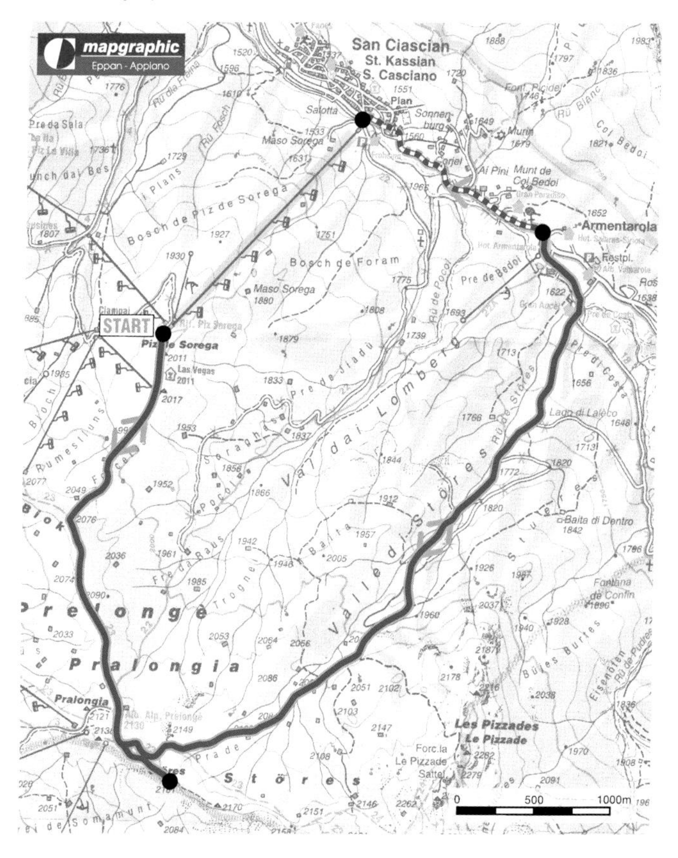

53 ZUM RIFUGIO DIBONA AM FUSSE DER TOFANE

Die Ampezzaner Dolomiten werden im Nordwesten von der mächtigen Tofanagruppe, die sich von Cortina zum Falzaregopass hinzieht, beherrscht. Am Südhang der 3225 m hohen Tofana di Rozes liegt das Rifugio Dibona auf über 2000 m Höhe.

Der Startpunkt dieses Rundwegs liegt bei Cian Zopè (1762 m) an der Dolomitenstraße SS 48 zwischen Cortina und dem Falzaregopass. Der Ort ist leicht auszumachen, da hier (in entgegengesetzter Richtung) der Weg zu den berühmten Cinque Torri abzweigt. Unser Steig beginnt gleich an der Bushaltestelle; er ist mit 442 rot-weiß markiert. Sofort geht's steil durch dichten Wald bergan. Immer wieder genießen wir die Ausblicke zu den gegenüberliegenden Felszacken der Cinque Torri und der Formation Lastoni di Formin. Nach etwa 1 Stunde wird der Steig ebener. Er tritt aus dem Wald heraus und wir stoßen auf einen breiten, von Motorschlitten gespurten Weg, der uns in 10 Minuten zum Rifugio Dibona (2083 m) führt. Das Schutzhaus liegt prächtig auf einer Geländeterrasse zu Füßen der Tofana-Felsen. Nach einer verdienten Rast schlagen wir den breiten Weg westwärts Richtung Rifugio Giussani ein. Anfangs steigt er leicht zu einer Geländeschulter an und führt dann den Hang entlang. Kurz vor der Talstation der Materialseilbahn verlassen wir den Karrenweg und biegen links auf Steig 412 ein – ein herrlicher Panoramaweg, der uns langsam abwärts bringt. An einer Gabelung (Sotecordes; 2060 m) bleiben wir links (Markierung 414). Über Almen geht es zu einer kleinen, in eine Wiesenterrasse eingebetteten Hütte, Cason de Sotecordes. Ab hier tritt der Steig, steiler werdend, in den Wald ein und führt in 30 Minuten zur Dolomitenstraße ganz in die Nähe des Ausgangspunkts zurück. Nach links zurück zum Auto.

Wenn wir vom Rifugio Dibona in östliche Richtung blicken, sehen wir die mehrfarbigen Schichten, aus denen die Tofane aufgebaut sind. Auf den grauen Kassianer Schichten liegen die rötlichen Raibler Schichten auf, auf diesen der mehrere hundert Meter dicke, gelbgraue Hauptdolomit.

Auf den grasigen, geschützten Flanken am Fuße der Tofana di Rozes äsen oft Gämsenrudel.

IN KÜRZE

3 Stunden

6 km

350 Höhenmeter

leichte Tour

Von Cortina auf der SS 48 Richtung Falzaregopass bis km 112; vom Falzaregopass kommend 4 km Richtung Cortina; Parkplatz am Ponte di Ru Bianco Cian Zopè an der Staatsstraße

Kompass-Wanderkarte 55 (1:50.000) oder 617 (1:25.000)

Rifugio Dibona: Gemütliches Schutzhaus mit großer Sonnenterrasse und guter Küche, das noch vom Wintersport-Trubel verschont geblieben ist; benannt nach dem Cortineser Angelo Dibona, der vor etwa hundert Jahren zu den berühmtesten Bergführern seiner Zeit gehörte; er schlug als einer der Ersten Kletterhaken in den Fels, um sich und seine berühmte Kundschaft, darunter König Albert von Belgien, zu sichern; kein Ruhetag, Tel. 0436 860294, www.rifugiodibona.com

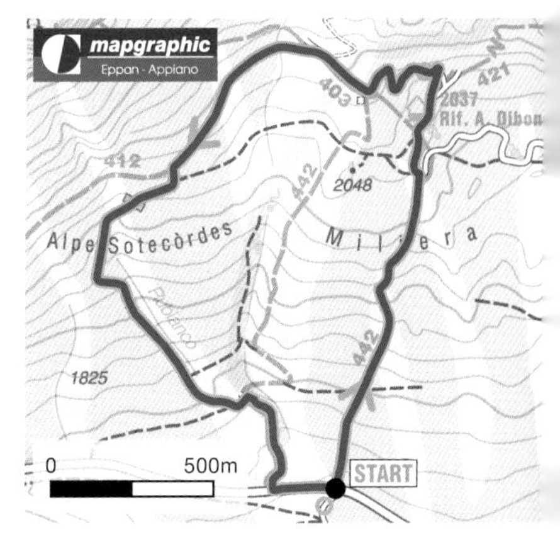

54 VON VALPAROLA NACH ARMENTAROLA

Im äußersten Südosten Südtirols liegt eine der prächtigsten Dolomitenlandschaften überhaupt. Eingerahmt von den Gipfeln der Fanesgruppe und den Felstürmen des Lagazuoi zieht sich ein breites sonniges Tal von St. Kassian zum Valparola- und Falzaregopass hin, dem Übergang nach Cortina d'Ampezzo. In dieser Traumlandschaft führen wir Sie zu einer angenehm leichten Tour.

Von St. Kassian, aus dem Abteital kommend, fahren wir über den Valparolapass (2197 m) und parken am rechten Straßenrand beim ehemaligen Festungswerk Tre Sassi aus dem Ersten Weltkrieg. Vom Parkplatz gehen wir in nordwestlicher Richtung in die Senke unterhalb der Straße auf den im Winter zugefrorenen kleinen See zu. Kurz vor dessen Südufer biegen wir links ab, der Weg steigt kräftig an und wir steuern auf den niederen Sattel zwischen zwei Bergkuppen zu, der südliche, etwas höhere, ist in den Karten als Piz Ciampei (2290 m) eingezeichnet. Die 70 Höhenmeter, die wir damit überwinden, sind schon der ganze Aufstieg der Tour, nun geht es immer angenehm bergab! Auf dem Geländerücken, der sich von der Nordseite des Piz Ciampei zuerst über freies Gelände, dann durch vereinzelte Bäume zu weiten Almwiesen hinzieht, gehen wir auf den Waldrand zu. Hier bleiben wir rechts, also östlich von dem kleinen Tal, das sich durch den Wald bis in die Senke mit der Valparola-Alm (Winterruhe) hinzieht. Bis hierher 1 Stunde Gehzeit. An dem stimmungsvollen Platz gönnen wir uns eine wohlverdiente Rast und bewundern die umliegenden Berge: im Süden der Settsass, im Osten die Fanesgruppe mit den alles beherrschenden Conturines (3067 m). Der weitere Weg geht fast eben auf der breiten Straße talauswärts bis zum Endpunkt unserer Tour bei der Langlauf-Skischule Alta Badia in der Fraktion Sciarè. Wer es etwas „abenteuerlicher" mag, nimmt die Spur rechts der Straße im Bachbett. Zurück zum Parkplatz mit den regelmäßig verkehrenden Shuttlebussen, welche die Skifahrer zur Lagazuoi-Seilbahn bringen.

IN KÜRZE

⌛ Festungswerk am Valparolapass – Valparola-Alm 1 Stunde 20 Minuten, Valparola-Alm – Langlauf-Skischule ca. 1 Stunde, gesamt ca. 2 Stunden 20 Minuten

↦ 4,3 km

70 Höhenmeter im Aufstieg, 580 im Abstieg

leichte Tour

Von St. Kassian auf den Valparolapass, 600 m nach dem Pass in Richtung Cortina Parkplatz an der Nordseite des vereinzelt stehenden Festungswerks am Straßenrand; von Armentarola mit dem Skibus zurück zum Parkplatz; Tel. Mietwagenzentrale MOBIX: 0471 1955100

Mapgraphic-Wanderkarte 21 (1:25:000)

Café Sarè: Nettes kleines Café im Langlaufzentrum Alta Badia, Terrasse, Kuchen, Imbisse

Hotel Armentarola: Traditionshotel im Alpenstil, große Sonnenterrasse mit Dolomitenblick, gepflegte Küche, berühmt sind der Obstsalat, die Desserts und Kuchen, Tel. 0471 849522, www.armentarola.com

ℹ Die Langlaufschule Alta Badia organisiert geführte Schneeschuhwanderungen: Tel. 0471 849610; Schneeschuhverleih: Tel. 0471 849533

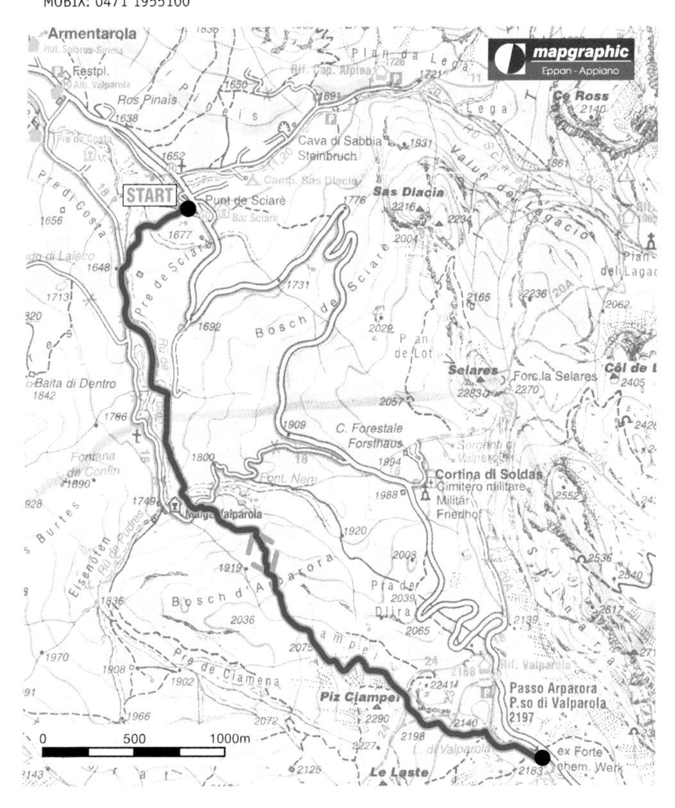

55 AUF DIE HOLZERBÖDEN-ALM

Steinhaus im Ahrntal liegt zu Füßen der mächtigen Zillertaler Alpen, welche die Grenze zum benachbarten Österreich bilden. Auf den Ausläufern eines dieser imposanten Gipfel, der 3093 m hohen Keilbachspitze, liegt auf einem sonnigen und aussichtsreichen Plateau unser Ziel: die Holzerböden-Alm.

Wir fahren am Dorfanfang von Steinhaus auf der Höfezufahrt bis zum Rieser-Hof, vor der Schranke an der Forststraße gibt es einige Autoabstellplätze. Wer es gemütlich angeht, bleibt auf dem breiten Forstweg, wer es eilig hat, steigt über einen Waldsteig (Weg Nr. 6) auf, es gilt, 480 Höhenmeter zu überwinden. Die Holzerböden-Alm (1841 m, Winterruhe) liegt frei und sonnig oberhalb der Waldgrenze, Bank und Tisch auf der Terrasse laden zur Teepause ein, nach knapp 2 Stunden Aufstieg haben wir uns eine Pause verdient. Der Blick geht über das Ahrntal nach Süden, gegenüber, auf der anderen Talseite, tummeln sich auf den Pisten vom Klausberg, im Schatten des Durreck (3135 m), die Skifahrer. Wer eine Zugabe möchte, geht hinter dem Haus an den letzten windzerzausten Lärchen vorbei aufwärts bis zu einem weiten Kessel, wo eine winzige Holzhütte von hohen Felswänden umschlossen steht, dabei folgen wir im unteren Teil den Wegweisern „Rieslahner Scharte“. Der einsame Ort ist von einer eigenartigen Schönheit und Wildheit. Rückweg wie Aufstieg

☞ Im nahen Prettau wurde über 500 Jahre lang Kupfer geschürft. Das Verwaltungszentrum des Bergwerks mit Magazinen, Berggericht und Wohnschloss der Verwalter lag in Steinhaus, die stattlichen gelbrosa getünchten Häuser prägen das Dorfbild. Im Kornkasten, dem mehrstöckigen ehemaligen Lebensmittelmagazin, zeigt das Bergbau-

museum anschaulich die Geschichte des Bergbaus mit seinen Auswirkungen auf das Tal und dessen Bewohner. Auch im Winter geöffnet. Montag geschlossen. Tel. 0474 651043, www.bergbaumuseum.it.

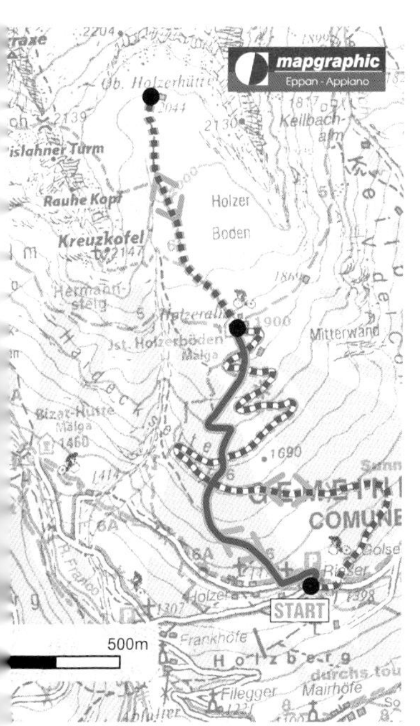

IN KÜRZE

⌛ 3–4 Stunden

⟼ 6 km

ca. 480 Höhenmeter

mittlere Tour, bei Verlängerung zur Oberen Holzerhütte zusätzlich 200 Höhenmeter und 50 Minuten Gehzeit im Aufstieg

Von der Ahrntaler Straße, zwischen St. Johann und Steinhaus, beim Weiler Mühlegg, am Hotel Alpwell-Gallhaus die geteerte Straße bergauf zum Parkplatz hinter dem Rieser-Hof

Mapgraphic-Wanderkarte 16 (1:25.000)

Gasthof Steinhauswirt: Montag und Dienstag mittags geschlossen, Tel. 0474 652241, www.steinhauswirt.com

56 AUF DEN LANZWIESENKOPF

Während sich im Südwesten von Olang die Skifahrer auf dem Kronplatz tummeln, erhebt sich im Süden des Dorfs ein dunkler, bewaldeter Buckel bis auf 1870 m, der noch nicht vom Skitourismus vereinnahmt wurde: der Lanzwiesenkopf. Auf die einsamen Almen in seinem Gipfelbereich führt uns eine schöne Rundwanderung.

Ausgangspunkt ist das Ortszentrum von Oberolang. Zwischen dem Platz mit dem Denkmal des Tharerwirts und dem Informationsbüro des Tourismusvereins geht der mit 6 markierte Wanderweg nach Süden, an der Ägidiuskirche vorbei, zwischen den letzten Dorfhäusern durch, um dann fast eben über freie Wiesen auf den Wald zuzusteuern. Der Steig tritt in den Wald ein, wird allmählich steiler und führt nach etwa 1 Stunde zu den Wiesen der Angerle Alm (1401 m, Winterruhe), wo wir eine erste Pause einlegen. Der Blick geht zurück zum Olanger Stausee und ins Ahrntal, im Süden steigen die Zacken der Olanger Köpfe, die Vorboten der Gadertaler Dolomiten, auf. Wir gehen an den Almhütten vorbei, queren die Forststraße und steigen auf dem Steig 6/B immer zügig aufwärts bis zu den Wiesen mit Stall und Hütte der Lanzwiesenalm (1823 m, Winterruhe, bis hierher etwa 2½ Stunden). Nun geht es auf der breiten Zufahrtsstraße gemächlich abwärts, wir stiegen nicht ins Tal nach Bad Bergfall ab, sondern umrunden langsam den ganzen „Kopf". Bei unserer Wanderung im Uhrzeigersinn sollte uns eigentlich immer die Sonne folgen. Der Weg (Nr. 7) schlängelt sich in Kehren bergab, wir können auf dem Gegenhang bei Geiselsberg am Kronplatz auf den Skipisten und an den Aufstiegsanlagen das Gedränge der Skifahrer beobachten. Beim Vopichlerhof tritt der Weg wieder aus dem Wald, wir gehen auf das

Dorf zu, das in Sichtweite vor uns liegt, bei der nächsten Kreuzung halten wir uns rechts und gehen auf dem Panoramaweg bis zum Anschluss an die Aufstiegsroute.

👁 Peter Sigmayr, Sohn des Tharerwirts in Olang, kämpfte als Leutnant der Olanger Schützen in den Tiroler Befreiungskriegen von 1809 gegen die Franzosen. Nach der letzten verlorenen Schlacht flüchtete er. Daraufhin nahmen Soldaten seinen alten Vater gefangen und drohten, diesen zu erschießen, sollte er sich nicht stellen, worauf sich Peter Sigmayr seinen Feinden ergab. Am 14. Januar 1910 wurde er in Olang erschossen. Ein Denkmal auf dem Dorfplatz erinnert an sein kurzes und heldenhaftes Leben.

IN KÜRZE

⌛ 4–5 Stunden

⟼ 11,8 km

ca. 780 Höhenmeter

mittlere Tour

🚗 Von der Pustertaler Straße ins Dorfzentrum von Mitterolang, Start beim Tourismusbüro

Mapgraphic-Wanderkarte 15 (1:25.000)

🍴 In Olang mehrere Gastbetriebe; am Startpunkt **Café Konditorei Bacher:** Kein Ruhetag in der Saison, Tel. 0474 496699

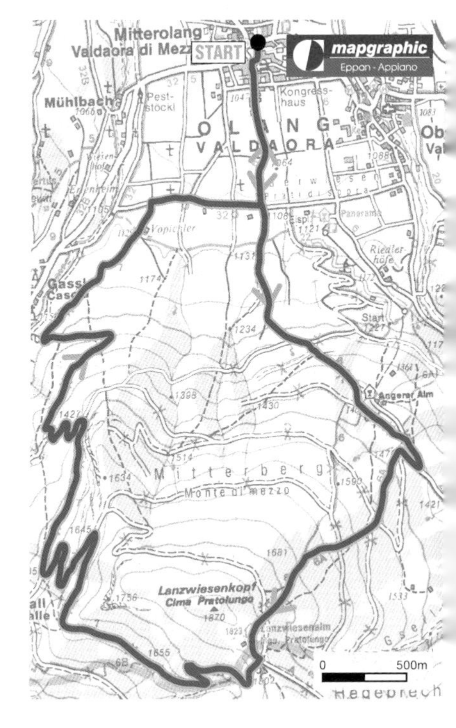

57 AUF DEN LUTTER- UND DURAKOPF

Das Gsieser und Antholzer Tal werden von einem Gebirgszug voneinander getrennt. Der zum Pustertal hin lang gezogene Bergkamm läuft nach Süden aus. Diese Wanderung führt in einem vielseitigen und leichten Rundweg über die weiten und offenen Höhen.

Vom großen Parkplatz hinter dem Mudlerhof oberhalb von Taisten in 1590 m Höhe zweigt ein Forstweg in westliche Richtung ab, rot-weiß und mit Nr. 31 markiert. Nach der ersten Serpentine, nach etwa 15 Minuten Gehzeit, schlagen wir links einen steilen, alten Karrenweg ein. Er bringt uns durch Fichten- und später schütteren Lärchen- und Zirbenwald rasch in die Höhe und quert irgendwann die Forststraße. Nach etwa 1½ Stunden steilen, aber problemlosen Aufstiegs auf dem gut markierten Steig erreichen wir auch schon das erste Ziel dieser Wanderung, den Lutterkopf (2145 m). Hier stehen neben dem Gipfelkreuz auch Tisch und Bank für die wohlverdiente Teepause und für den Genuss der unvergleichlichen Aussicht. Der Weg führt nun nordwärts über abwechslungsreiches, welliges und freies Almgelände. Immer auf dem Kamm wandernd, gelangen wir über eine weitere Bergkuppe (es ist noch nicht der Durakopf), über einen flachen Grat und nach einem letzten kurzen Anstieg zum Gipfelkreuz des Durakopfs (2275 m). Vom flachen Gipfel geht es in 10 Minuten mäßig steil bergab zum nordöstlich gelegenen Jöchl, dem Klenkboden (2186 m), wo sich eine kleine Almhütte befindet. Dann südwärts über einen weiten Almboden zur Taistner Alm (2012 m), einem gemütlichen und gut besuchten Almgasthaus. Von dort auf der Rodelbahn (Nr. 39A) in etwa 1½ Stunden zum Parkplatz beim Mudlerhof zurück.

☞ Von der Taistner Alm kann man als Zugabe noch auf die vorgelagerte, aussichtsreiche Wiesenkuppe des Salzla (2131 m) wandern; die 20 Minuten Umweg lohnen sich!

👁 In Taisten findet man ein kunsthistorisches Kleinod: die romanische St.-Georgs-Kirche. Das Kirchlein mit dem riesigen Christophorus-Fresko an der Außenfassade birgt im Innern Wandmalereien von Michael Pacher, Simon von Taisten, Leonhard von Brixen und Franz Anton Zeiller. Schlüssel für Besichtigung beim Nachbarhof.

IN KÜRZE

⌛ Aufstieg 4–5 Stunden, Abstieg ca. 2 Stunden

⟼ 11,7 km

ca. 700 Höhenmeter

leichte, aber lange Tour, etwas steiler Aufstieg durch den Wald zum Lutterkopf, problemlose Orientierung

An der Kirche von Taisten vorbei aufwärts, 300 m nach dem Hotel Alpenhof zum Gasthof Mudler abzweigen; Parkplatz 300 m weiter; von Welsberg über Taisten 8 km Teerstraße

Mapgraphic-Wanderkarte 17 (1:25.000)

Berggasthaus Mudlerhof: Bauernhaus und Berggasthof, die frei in den sonnigen Wiesenhängen oberhalb von Taisten stehen; tolle Aussicht, Sonnenterrasse, Kinderspielplatz, Dienstag Ruhetag, Tel. 0474 950036

Taistner Alm: Große, bewirtschaftete Almhütte mit gemütlichen Stuben, Hausmannskost, Sonnenterrasse, Montag Ruhetag, Tel. 340 3359611

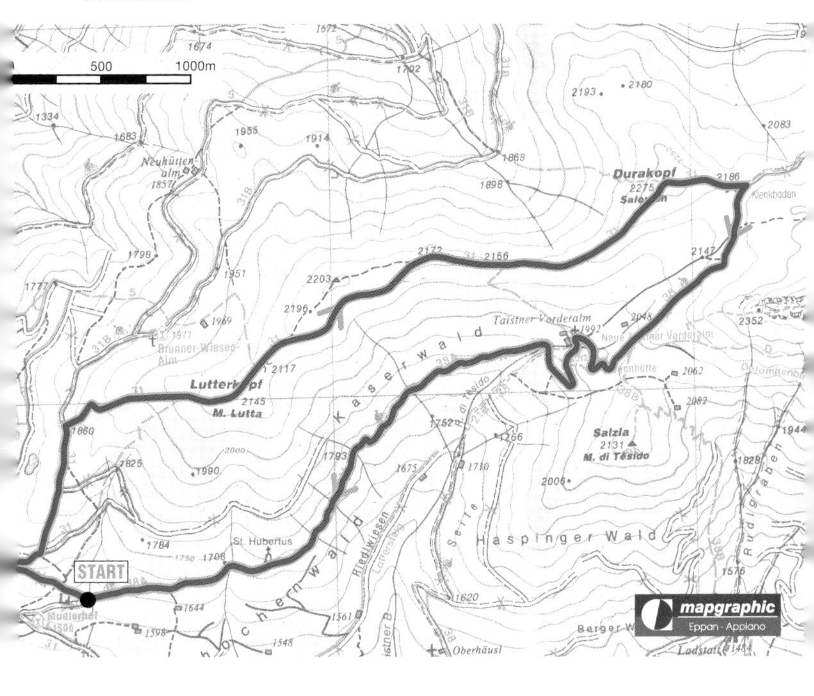

58 AUF DEN STRUDELKOPF

Die Plätzwiese, ein sonniges Almgelände am Ende des Altpragser Tals, war einst ein viel begangener Übergang vom Pustertal ins Ampezzaner Gebiet. Die Hochalm ist von mächtigen Dolomitengipfeln umgeben, im Westen ragt die Hohe Gaisl 3148 m auf, im Süden liegen die gewaltigen Zacken der Cristallo-Gruppe, im Osten läuft der Dürrenstein in die Buckel der Strudelköpfe aus.

Eine gute Zufahrtsstraße erschließt das Gebiet der Plätzwiese mit Hotel, Schutzhütten und Gasthäusern, und entsprechend viel Wanderer, Skitourengeher, Langläufer, Rodler und Schneeschuhwanderer sind im Winter unterwegs. Ausgangspunkt ist der Parkplatz am Ende der Zufahrtsstraße. Nach wenigen Gehminuten erreichen wir das Gasthaus Plätzwiese, hier ziehen wir die Schneeschuhe an, verlassen die breite Almstraße und steigen an der kleinen Kirche vorbei ostwärts (Markierung 40) über

Wiesen sanft auf. Nach einer Dreiviertelstunde stoßen wir auf den Dolomitenhöhenweg Nr. 3 und folgen ihm südostwärts, am Fuße der Felsen, die zum Dürrenstein aufsteigen, bis der Steig nach einer kleinen Senke in die breite Almstraße mündet, die jetzt wieder etwas ansteigend auf den Strudelkopfsattel (2200 m) zusteuert. Von hier ist bereits das Kreuz auf der flachen Gipfelkuppe auszumachen, noch 20 Gehminuten, und der Strudelkopf (2307 m) ist erreicht. Der Ausblick ist fantastisch, eine Gipfelgruppe schiebt sich vor die andere, im Südosten die Drei Zinnen, im Norden geht der Blick bis zu den Hohen Tauern. Für den Abstieg bleiben wir auf der Aufstiegsspur, bei der Kreuzung mit dem Dolomitenweg biegen wir südwärts (Nr. 34) zur Dürrensteinhütte (2031 m) ein. Von hier nehmen wir die breite Almstraße (Nr. 37), am Berghotel Hohe Gaisl vorbei, zum Ausgangspunkt am Parkplatz.

☞ Von Brückele am Talschluss des Pragser Tals verkehrt auf der 7 km langen steilen Straße zum Parkplatz auf der Plätzwiese ein Shuttlebus.

👁 Das Gebiet um die Plätzwiese war im Ersten Weltkrieg Frontgebiet und Schauplatz erbitterter Kämpfe zwischen österreichischen und italienischen Gebirgstruppen. Davon zeugen Kasernenruinen am Strudelkopfsattel, die Ruine der militärischen Sperranlage Dürrenstein neben der Schutzhütte sowie Schützengräben im Gipfelbereich.

👁 Das große Gipfelkreuz am Strudelkopf („Heimkehrerkreuz“) wurde 1982 von Pustertaler Kriegsveteranen zum Dank für die Heimkehr aus dem Zweiten Weltkrieg errichtet.

IN KÜRZE

3 Stunden

10 km

380 Höhenmeter

leichte und sichere Tour

Von der Pustertaler Straße zwischen Welsberg und Niederdorf ins Pragser Tal und auf die Plätzwiese, dort Parkplatz.

Mapgraphic-Wanderkarte 19 (1:25.000)

Plätzwiese: Kleines Bergrestaurant, bodenständige Küche, Übernachtungsmöglichkeit, in der Saison kein Ruhetag, Tel. 0474 748650, www.plaetzwiese.com

Dürrensteinhütte: Lustige Wirtsleute, Hausmannskost, Übernachtungsmöglichkeit, in der Saison kein Ruhetag, Tel. 0474 972505, Handy: 348 2454707, www.vallandro.it

Tourismusverein Pragser Tal: Tel. 0474 748660, www.hochpustertal.info

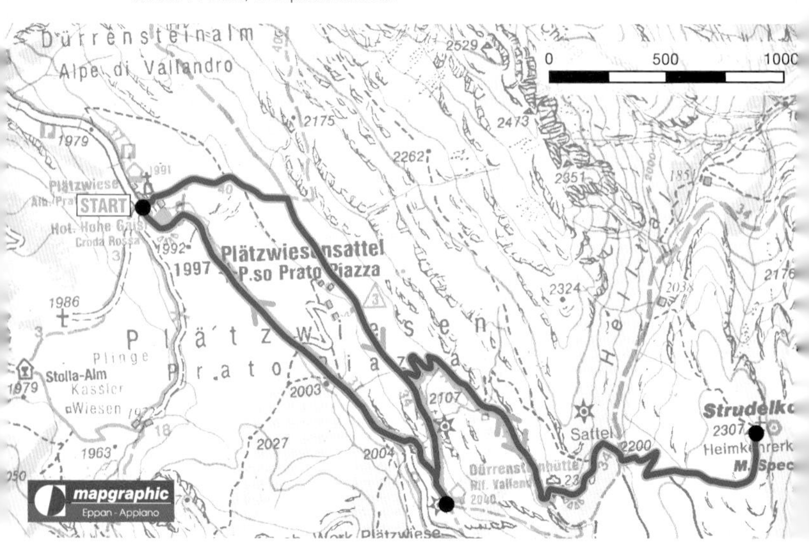

59 ZUR FORCELLA POPENA

Zwischen dem im Winter von einer Schneedecke verdeckten Dürrensee und dem Misurinasee zweigt am Fuße des zerklüfteten Monte Cristallino Richtung Süden das einsame Hochtal Val Popena ab. Zur gleichnamigen Scharte mit dem verfallenen Schutzhaus, von wo wir eine prächtige Aussicht zu den Gipfeln der Marmarole genießen, führt eine äußerst lohnende und leichte Tour.

Von der SS 48, bei der Brücke über den Popena-Bach (1659 m), wechseln wir auf die westliche Bachseite und steigen entlang der Markierung 222 bergauf. Es finden sich oft Spuren anderer Schneeschuhwanderer oder Skitourengeher. Zwischen Felsblöcken, Zirbelkiefern und Latschen schlängelt sich der Weg im immer breiter werdenden Talboden nach Süden. Linker Hand winkt uns als Richtungsweiser der Doppelgipfel der Pale di Misurina; auf der rechten, westlichen Talseite flankieren die zerfransten Spitzen des Cristallino unseren Weg. Der Anblick dieser mächtigen Felswände, die im Piz Popena immerhin eine Höhe von 3152 m erreichen, ist beeindruckend. Im Nordosten kommen die Spitzen der Drei Zinnen in den Blick. Nach 1 Stunde ist eine Geländestufe erreicht, der Weg überwindet in einer Schleife auf der rechten (westlichen) Talseite den mit Zirbelkiefern bestandenen, steilen Hang. Anschließend öffnet sich das Tal zu einem weiten Boden. Wir erkennen die Trasse des Sommerwegs, der an der flachsten Stelle, noch vor dem Talschluss, nun etwas steiler südöstlich auf die Forcella Popena zugeht (die steilen Kare meiden, unbedingt auf der Wegtrasse bleiben!). Erst kurz vor der Scharte tauchen die Mauerreste der Ruine des Rifugio Popena (2214 m) auf. Noch wenige Meter, und das Gelände fällt fast senkrecht Richtung Misurina ab. Die Aussicht zu den mächtigen Marmarole im Süden ist

überwältigend. Bei den Mauerresten des Schutzhauses finden wir vor dem Jochwind Deckung für die wohlverdiente Tee- und Brotpause, bevor es wieder über die Aufstiegsroute an den Rückweg geht.

👁 Das Rifugio Popena auf der Forcella Popena wurde vor dem Ersten Weltkrieg erbaut. Während des Kriegs erlitt es schwere Schäden und wurde später nicht mehr wiederaufgebaut.

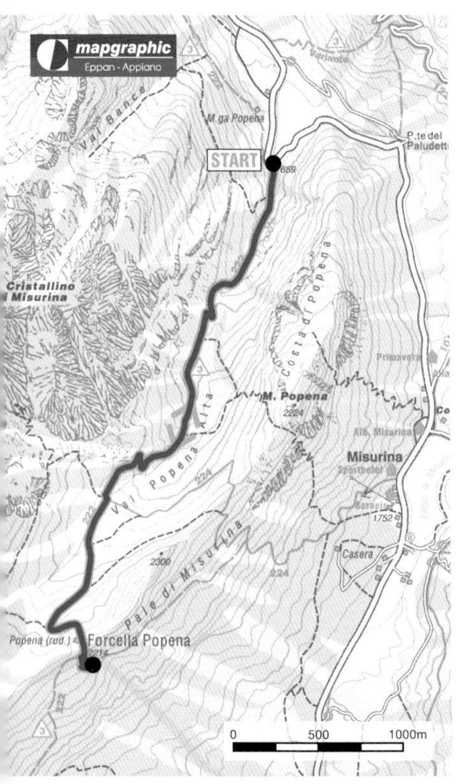

IN KÜRZE

⌛ 4 Stunden

⟼ 8 km

520 Höhenmeter

leichte Tour, problemlose Orientierung

🚗 2 km nördlich des Misurinasees bzw. 3 km südlich von Schluderbach Richtung Misurina überquert die SS 48 in einer markanten Kehre den Popena-Bach; bei der Brücke entlang der Straße einige Parkplätze

Kompass-Wanderkarte 55 oder 58 (1:50.000) oder 617 (1:25.000)

🍴 **Gasthof Drei Zinnen:** Das Haus mit gemütlicher, holzgetäfelter Stube liegt nördlich vom Dürrensee an der Dolomitenstraße SS 51 und ist ein beliebter Treffpunkt für Langläufer und Tourengeher; aufgetischt werden Südtiroler und italienische Spezialitäten; Donnerstag Ruhetag, Tel. 0474 972633

60 VOM KREUZBERGPASS ZUR MALGA COLTRONDO

Zwischen dem Karnischen Kamm und den Sextner Dolomiten zieht sich vom Pustertal her das Sextner Tal nach Süden. Im Talschluss liegt der Kreuzbergpass, ein flacher weiter Sattel, der Südtirol mit dem benachbarten Veneto verbindet und gleichzeitig Ausgangspunkt für unsere leichte, landschaftlich lohnende Rundwanderung ist.

Wir starten direkt an der Passstraße. Gegenüber vom Hotel Kreuzberg, am Parkplatz (1656 m), beginnt der mit Nr. 131 markierte Waldweg. Der Weg ist viel begangen, weshalb meist eine gute Spur vorhanden ist. Es geht durch herrlichen Wald, zuerst leicht ansteigend, später immer ebener, wobei unsere Spur öfters einen Forstweg kreuzt. Rund 1½ Stunden später haben wir die Nemeshütte (1877 m) erreicht, die frei, oberhalb der Baumgrenze, auf weitem Almgelände liegt. Der Blick auf die Dolomitengipfel, beherrscht von der Sextner Rotwand, von Elfer und Hochbrunner Schneid (Cima Popera), ist fantastisch. Von der Nemeshütte folgen wir der Markie-

rung 156 ostwärts und erreichen nach 40 Minuten Wanderung über flaches Gelände die Malga Coltrondo (1850 m). Die Alm liegt bereits im Veneto und ist im Sommer ein beliebtes Ziel für Ausflügler, die bis hierher mit dem Auto fahren können. Im Winter ist die Straße gesperrt. Für den Rückweg wählen wir den breiten Steig mit der Markierung 149, der in südwestliche Richtung, mehrmals eine Forststraße querend, in 1½ Stunden zurück zum Kreuzbergpass führt.

☞ Lust auf einen kleinen Gipfel? Auf dem Weg zur Nemesalm zweigt nach 45 Minuten Gehzeit linker Hand ein markierter Weg (Nr. 132) durch schütteren Wald und Almwiesen auf die flache Kuppe des Seikofels (1908 m) ab. Rückweg wie Aufstieg, von der Abzweigung dann weiter zur Nemeshütte.

👁 Rund um den Kreuzbergpass können wir eine geologische Besonderheit beobachten: Mitten in den Dolomiten treten plötzlich andere Gesteinsarten auf, der Karnische Kamm zwischen den Sextner und Lienzer Dolomitkalken besteht aus Urgestein. Beim Knieberg (Col Quaternà), einer weiteren Kuriosität, handelt es sich um den „Kamin", den Schlot, eines erloschenen Vulkans. Das harte Lavagestein hat sich über Jahrmillionen erhalten und bildet die 2503 m hohe Pyramide, das weichere Auswurfmaterial des Vulkans verwitterte und wurde abgetragen.

IN KÜRZE

⌛ 4 Stunden (+ 45 Minuten Variante)

↦ 10,2 km

250 m (+ 130 m Variante)

leichte Tour

Von Innichen ins Sextner Tal und zum Kreuzbergpass; oder von S. Stefano di Cadore bzw. Auronzo di Cadore zum Pass; großer Parkplatz

Mapgraphic-Wanderkarte 19 (1:25.000)

Malga Coltrondo: Agriturismo, Erzeugnisse aus eigener Produktion, sehr zu empfehlen die Bratwürste mit Röstkartoffeln und die Schlutzkrapfen; kein Ruhetag, Tel. 340 4914101

Nemeshütte: Gemütliche Hütte mit großer Sonnenterrasse; bisweilen greift der Hüttenwirt zum Akkordeon; kein Ruhetag, Tel. 0474 710699

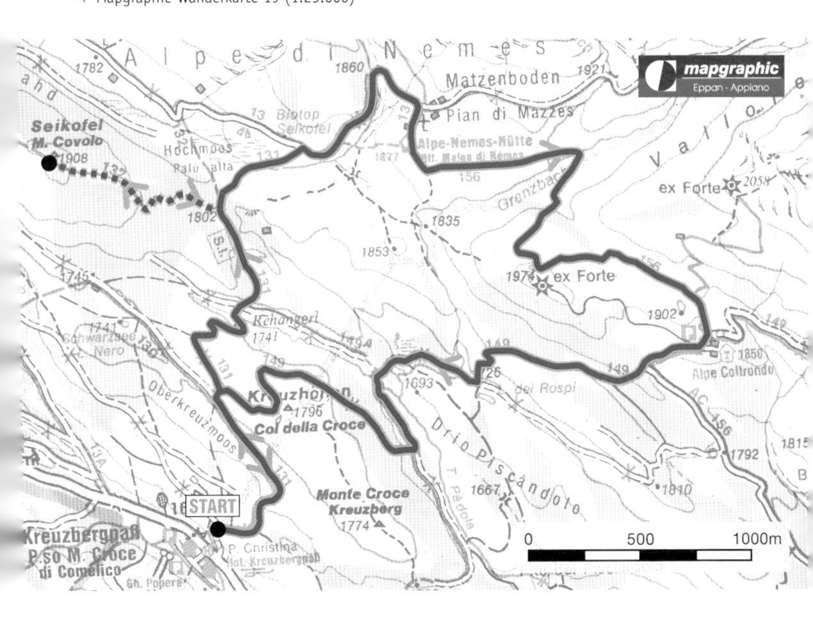

SALEWA

salewa.com